Paul Anderton y Robin Daly
Two Dirty Boys

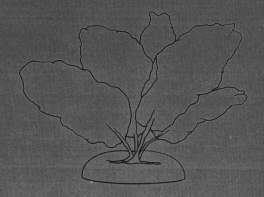

REPLANTA

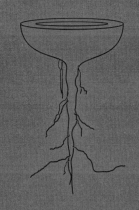

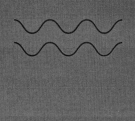

Cultiva frutas, hierbas y verduras
a partir de restos de cocina

cincotintas

REPLANTA

Cultiva frutas, hierbas y verduras a partir de restos de cocina

Contenidos

Introducción

La vida ofrece muchas cosas mágicas que fácilmente
damos por sentadas, como un brillante cielo azul o
el cambio de las estaciones. Solo hay que dedicar
un momento a contemplarlas para experimentar un
sentimiento de asombro y maravilla.

Como si se tratara de algo salido de una novela de ciencia
ficción, las plantas poseen la extraordinaria capacidad
de reproducirse sin precisar de abono. Incluso los restos de
cocina cotidianos llevan en sus células la información
necesaria para generar infinitas versiones nuevas de sí
mismos. La forma más básica, un pequeño fragmento vivo
del resto de una hortaliza, se puede regar y cuidar para
obtener una versión revitalizada de sí misma. Es lo que se
denomina propagación, y resulta impresionante.

El presente libro te enseñará a convertir algunos restos
de cocina en nuevas plantas comestibles u ornamentales.
Te explicaremos, con sencillas instrucciones paso a paso,
cómo dar nueva vida a viejos tallos o hacer germinar
semillas que iban destinadas al cubo de la basura.

Existen muchas razones para intentar hacer rebrotar estos
restos. He aquí algunas de ellas.

Es provechoso y gratificante

Algunos esquejes muestran un crecimiento visible en cuestión de horas. Luego, se observan cambios a diario. Echan raíces, salen pequeños brotes verdes de la nada y los plantones revividos toman nuevas formas. Hay pocas cosas más gratificantes que saber que uno ha contribuido en algo tan asombroso.

Es rentable

Hacer rebrotar restos de verduras puede proporcionar alimentos frescos caseros que reducen los gastos en alimentación. Si tus hábitos se parecen a los nuestros, es posible que a veces bajes a la tienda a buscar solo un par de ingredientes, y regreses a casa con un montón de cosas que no tenías previsto comprar. Disponer de un suministro de productos frescos que crecen en los alféizares de casa puede significar, de entrada, no verse obligado a bajar a la tienda: ni siquiera será necesario ponerse los zapatos para cosechar las hojas de una fresca ensalada.

Es bonito

La moda de tener plantas en casa ha visto crecer su valor monetario en los últimos años, en particular en entornos urbanos. Muchos de nosotros hemos aprendido a apreciar un espacio lleno de verde, no solo por sus beneficios para la salud (que incluyen un aumento del suministro de oxígeno y la mejora de los hábitos del sueño), sino también por la estética apacible y tranquila que transmite una sala llena de plantas. Cultivar vegetales en recipientes de cristal o en macetas nos brinda la oportunidad de llenar la casa de vida nueva y energía positiva. Las serpenteantes raíces de una semilla de aguacate en un vaso de agua dispuesto en un alféizar poseen un grafismo de gran atractivo cuando les da un rayo de luz, mientras que los brotes verdes de una raíz de jengibre parecen una planta de bambú en miniatura.

Es bueno para el medio ambiente (y para ti)

Cuando aprovechas los restos de cocina para cultivar nuevas plantas, en esencia estás reciclando residuos. Al obtener nueva vida de estos desechos, estás ayudando a reducir las emisiones de carbono, ya que eliminas la necesidad de que los productores de otra parte del mundo cultiven tu almuerzo para envasarlo y transportarlo hasta tu supermercado. Podrías tomarte la experiencia como un guiño a la autosuficiencia. Si bien cabe decir que probablemente no vayas a dejar de acudir al supermercado, a menos que dispongas de innumerables alféizares en tu casa.

Es una buena manera de aprender

Si te inicias en la jardinería o la horticultura, estas actividades pueden parecerte un mundo lleno de confusión. Visitar un centro de jardinería o un vivero puede resultar caro, y no todo el mundo dispone de espacio para ir aprendiendo de la experiencia, como hemos hecho nosotros, en parcelas (huertos comunitarios) o grandes jardines. Por eso, cultivar a partir de restos de cocina es una fantástica manera de aprender e inspirarse en la naturaleza sin realizar una gran inversión (de tiempo ni dinero). Al progresar, te irás familiarizando con lo que necesitan los diferentes tipos de plantas y sabrás adaptar su entorno para favorecer su crecimiento y vitalidad. Una vez domines el cultivo en casa, ya no habrá límites.

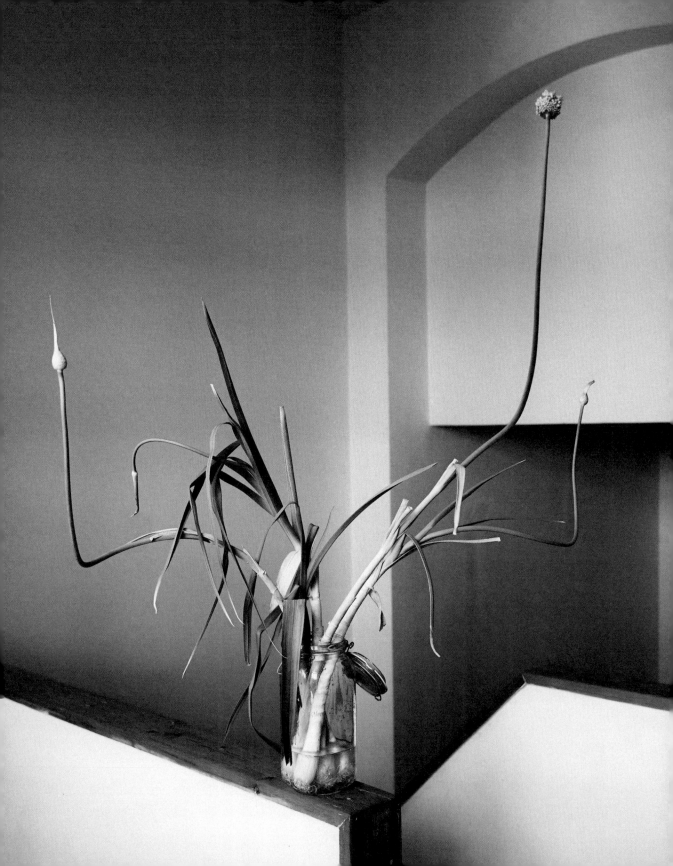

Elementos clave para el éxito

Puerros rebrotados en flor

Tú

Aunque suene intimidatorio si te estrenas con la jardinería, el elemento más importante para conseguir cosechar alimentos en casa eres tú. Al embarcarte en tus proyectos de cultivo, aprenderás a observar y escuchar a tus plantas. Verás claramente su comportamiento y estado de salud. Los propios esquejes te avisarán de si el ambiente es demasiado cálido, frío o seco, o de si precisan una renovación del agua.

Luz

Todas las plantas necesitan diferentes intensidades de luz y oscuridad en función de dónde procedan originariamente y de las condiciones de su hábitat natural. Una ventana luminosa proporcionará suficiente luz para cualquiera de los cultivos que incluye este libro; no obstante, si vives en un lugar especialmente oscuro o pretendes cultivar tus esquejes durante los meses más grises del año, puedes optar por invertir en una lámpara de cultivo.

Temperatura

Cada planta crece a su propia temperatura óptima. Para cada proyecto del libro, te proporcionamos una guía para saber si el esqueje prefiere condiciones más cálidas o frescas. No todo el mundo puede permitirse el lujo de alterar la temperatura de distintas zonas de su hogar a placer, de modo que nuestras indicaciones sobre la temperatura sirven como orientación, pero lo más sensato es elegir los esquejes que vayamos a cultivar en función de las condiciones disponibles en casa.

Tierra

Aunque la mayoría de propuestas del libro empiezan cultivando el esqueje en agua, para aprovechar al máximo las frutas y verduras, es mejor trasplantarlas en tierra cuando maduran. La tierra contiene los nutrientes que tus plantas necesitarán para crecer fuertes. Lo ideal es una mezcla sin tierra si cultivas las plantas en el interior. Hay quien opta por esterilizar la tierra de entrada para evitar infecciones bacterianas o fúngicas durante el proceso de crecimiento. Quizá te parezca una locura, pero puede hacerse en casa «cociendo» la tierra en una bandeja de horno durante 30 minutos a 200 °C (180 °C con ventilador/400 °F/gas 6).

Recipientes

Sugerimos un tipo de recipiente para cada caso, si bien se trata solo de ideas. Personalmente, a nosotros nos gusta reutilizar recipientes de cristal y plástico que iban destinados a la basura o el contenedor verde o amarillo. Dependiendo del tamaño y la forma requeridos, puedes recurrir a envases de yogur, tarros de mermelada, vasos de cristal, contenedores de helado, bandejas de comida preparada, tetrabriks de leche, etcétera. De hecho, cualquier cosa que tengas a mano sirve, siempre que tenga la forma adecuada y puedas practicar agujeros de drenaje (si hace falta) en la base.

Riego

Para la frustración de las personas que empiezan, en jardinería no existen normas infalibles en cuanto a la frecuencia ni cantidad de agua que necesitan sus plantas. Es algo que varía en función de la humedad y temperatura de cada casa. No obstante, tampoco hay que ser un genio para familiarizarse con el punto de humedad que debe presentar la tierra. Ni seca ni empapada, sino una cosa intermedia. Por este motivo, un buen drenaje es importantísimo cuando se trata de cuidar una planta sana.

Humedad

Se puede simular la humedad ambiental con el uso de un rociador o atomizador lleno de agua. El apio, por ejemplo, requiere un rociado diario para que no se seque, igual que las setas. El film plástico transparente (de cocina) es otra manera de controlar la humedad simulando un invernadero en miniatura. Descubrirás esta técnica para emplearla con los tomates más adelante.

Estaciones

La época del año puede ser importante para el éxito de un cultivo. La mayoría de variedades de patata, por ejemplo, se plantan a principios de primavera, y algunas plantas que requieren mucha luz natural crecerán mejor en verano. Hoy en día, podemos crear un clima templado en nuestro hogar durante todo el año, pero la calidad y salud de la planta original también desempeñan su papel a la hora de hacerla rebrotar, por lo que es aconsejable llevar a cabo los proyectos cuando sea temporada de la planta madre elegida.

Podredumbre

Las condiciones que nos esforzamos en crear con el fin de favorecer que nuestros esquejes rebroten son también perfectas para la aparición de organismos indeseables. La podredumbre, los hongos y las bacterias son amenazas habituales cuando se cultivan frutas y vegetales. Cerciórate de que los restos que quieras cultivar estén limpios y sanos. Las plantas en maceta deben contar con un drenaje adecuado. Cuando se trate de esquejes en agua, asegúrate de cambiar el líquido periódicamente incluso aunque te parezca que sigue perfectamente limpio y transparente: es crucial para combatir la podredumbre. Sabrás que algo va mal si la planta empieza a desprender un olor desagradable, se vuelve viscosa o aparecen manchas. Para evitarlo, es buena idea renovar el agua a primera hora de la mañana como parte de tu rutina diaria. Así empezarás bien el día, repasando el estado de tu cosecha y observando pequeños cambios, pero bien encaminados, en su crecimiento.

Insectos

Si optas por transferir algunas plantas al exterior, ya sea en macetas para el balcón o al jardín o parcela (huerto comunitario), vas a exponer los esquejes a la posible acción de insectos indeseados. Los pulgones a menudo atacan las cosechas de nuestro huerto, y hemos ideado una manera segura y ecológica de repelerlos con ajo picado, que metemos en los pulverizadores mezclado con agua para rociar las plantas afectadas. Además de esto, el mercado ofrece toda una variedad de productos para combatir las plagas, aunque lo mejor suele ser aplastar estas molestas mosquitas con los dedos. Es asqueroso, pero funciona.

Cantidad

Cuando nosotros empezamos, lo hicimos en cantidades tan pequeñas que los esquejes generaban apenas suficiente comida para preparar el almuerzo de una muñeca Barbie. No obstante, si te acostumbras a reservar restos de comida en lugar de echarlos al cubo de los residuos orgánicos, descubrirás que la recompensa es una cosecha de buen tamaño cuando llega el momento. Si deseas aumentar la producción, plantéate el uso de bandejas de plástico para hacer rebrotar varios esquejes juntos. ¿Por qué no hacerlo a lo grande si tienes sitio? Te sorprenderá lo autosuficiente que puedes llegar a ser.

Tamaño de los esquejes

Para muchos de los proyectos del presente libro deberás conservar la parte central dura de una hortaliza de hojas con el fin de que rebrote. Del tamaño del fragmento de esta parte central suele depender que la cosecha de nuevas hojas sea más rápida. Si el proyecto no sale como estaba previsto, vuelve a intentarlo, pero ahora quizá con un fragmento más generoso de la parte central, de este modo aumentarán las probabilidades de éxito.

Replanta

Cultivos rápidos

Replanta

Cebolleta

(Cebolla tierna)

La cebolleta (cebolla tierna) es verdaderamente una buena manera de empezar si te inicias en el mundo de las plantas y la jardinería. Siguiendo unos sencillos pasos, recogerás el premio a tu esfuerzo en cuestión de días.

Si te gusta cocinar, es probable que suelas utilizar cebolletas. Su sabor suave pero distintivo las hace propicias para platos frescos y ensaladas o sofritos. También son ideales para creaciones improvisadas. Prueba a encurtir tus cebolletas con semillas de mostaza, semillas de hinojo y copos de guindilla: es un detalle perfecto para el anfitrión cuando te invitan a una barbacoa veraniega.

Es recomendable emplear los productos más frescos posibles cuando se desea aprovechar los restos. A nosotros nos gusta disponer de múltiples esquejes de cebolleta creciendo al mismo tiempo, como si fuera un pequeño huerto de interior. Coséchalas a medida que las necesites.

Las cebolletas adquieren un sabor más fuerte cuando se cultivan los esquejes en macetas con compost para macetas (sin turba). Si deseas dar este paso, el lugar idóneo para la maceta será un espacio luminoso pero fresco (de interior o exterior).

Velocidad de cultivo	Rápida
Dificultad	Baja
Ubicación	Sol parcial/soleada
Temperatura	Fresca
Uso	Comestible
Recipiente	Pequeño/mediano/grande

Necesitarás

Tijeras o cuchillo afilado

Tarro de mermelada o vaso de cristal

Guijarros o canicas

Agua y un lugar soleado

Substrato para macetas (opcional)

Maceta con agujeros de drenaje y bandeja de goteo (opcional)

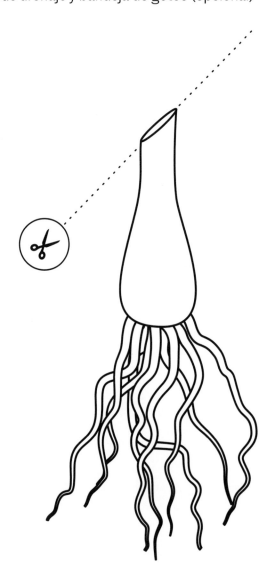

Para hacer rebrotar restos de cebolleta

1 Con unas tijeras de cocina o un cuchillo afilado, corta la base 2,5-5 cm (1-2 in) de las cebolletas. La intención es conservar las raíces y dos tercios de la parte blanca bulbosa para que la planta empiece a rebrotar inmediatamente.

2 La elección del recipiente de cristal dependerá de la cantidad de cebolletas que vayas a cultivar a la vez. Llena el recipiente con guijarros o canicas hasta una profundidad de unos 2,5 cm (1 in). Servirán para estabilizar las cebolletas al crecer.

3 Ahora introduce con cuidado las cebolletas entre las piedras. Añade suficiente agua fresca para cubrir las raíces de los esquejes.

4 Pon el recipiente en un lugar soleado pero fresco. El alféizar de la cocina es ideal.

5   Cada mañana, deberás escurrir y renovar el agua. Te llevará solo un momento y, además, es crucial para mantener fresco el cultivo. Si notas las plantas algo grasientas al tacto, o si el agua huele mucho a cebolla, habrá que aumentar la frecuencia de renovación del agua.

6   En uno o dos días, notarás que los cortes perfectos de las cebollas empiezan a cambiar de forma. Saldrán brotes verdes de la parte superior de los esquejes, y en un par de semanas, las partes verdes de las cebolletas habrán crecido milagrosamente y estarán listas para usar en la cocina.

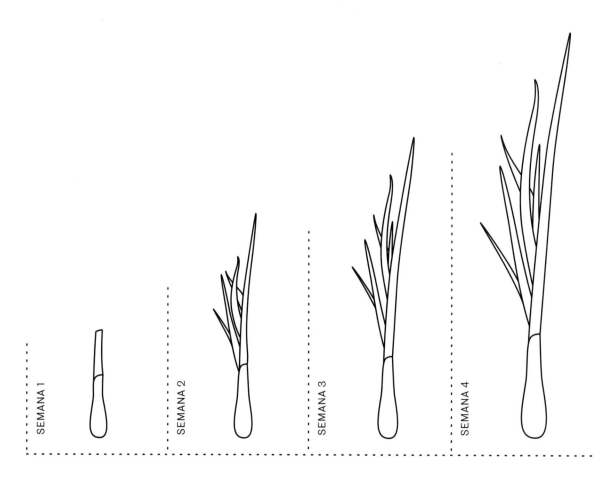

SEMANA 1   SEMANA 2   SEMANA 3   SEMANA 4

Consejos

○   Plantéate cultivar más esquejes de cebolleta para aumentar la producción.

○   Si las cebolletas muestran signos de podredumbre, intenta retirar la capa exterior de piel y cambiar el agua con mayor frecuencia.

○   Al volver a cortar las cebolletas, evita cortarlas demasiado cerca de la base bulbosa blanca, ya que eso puede inhibir el rebrote de la planta.

○   Las cebolletas pueden hacerse rebrotar tres o cuatro veces antes de perder su magia.

Germinados

Si te atrae la idea de una cosecha rápida, prueba a hacer germinar judías mungo, alfalfa o lentejas. El proceso en sí es bastante sencillo, ya que te limitas simplemente a proporcionar agua limpia y drenaje, pero una buena higiene y atención periódica son importantísimas para este proyecto. Habrá que prestar cuidados a los diminutos brotes unas cuantas veces al día hasta que estén listos para su consumo.

También es importante que utilices semillas que no hayan sido tratadas y, sobre todo, que sean limpias. Puedes adquirir las semillas iniciales en establecimientos especializados en la venta de semillas para germinar en casa. Cuando inicies el proceso, también estarán creando el entorno perfecto para bacterias indeseables, por lo que debes seguir los pasos atentamente para que la cosecha sea útil.

Velocidad de cultivo	Rápida
Dificultad	Baja
Ubicación	Sombreada
Temperatura	Fresca
Uso	Comestible
Recipiente	Pequeño

Necesitarás

Colador

Tarro de mermelada

Agua

Trapo de cocina

Goma elástica

Pequeño plato o cuenco

Para hacer germinados

1 Primero, enjuaga las legumbres o semillas en un colador y retira las que presenten imperfecciones. Asegúrate de que estén limpias y no estén mezcladas con restos de materia orgánica no deseados que podrían contaminar la cosecha.

2 Introduce las legumbres o semillas en un tarro de mermelada limpio, de modo que ocupen solo alrededor de una cuarta parte del espacio interior (o menos, si vas a cultivar alfalfa). Cuando hayan germinado, crecerán y llenarán el espacio sobrante, de modo que es crucial dejarlo.

3 Llena el recipiente con agua fresca y tápalo con un trapo de cocina limpio, y fíjalo con una goma elástica. Esta cobertura te permitirá regar las semillas y, además, escurrirlas fácilmente para que no queden encharcadas.

4 Deja las legumbres o semillas en remojo unas doce horas en un lugar fresco alejado de la luz directa del sol.

5 Ahora escurre el agua y enjuaga el cultivo. Una vez hecho esto, coloca de nuevo el trapo, pero en esta ocasión sitúa el recipiente bocabajo e inclinado. Así, se escurrirá el exceso de agua y, al mismo tiempo, el aire podrá circular por el recipiente. Puedes dejar el recipiente sobre un platito o un cuenco para recoger el agua.

6 Aquí es donde debes portarte como un progenitor responsable: repite la ceremonia de enjuague y escurrido tres o cuatro veces al día. El propósito consiste en mantener el cultivo húmedo para evitar que se seque.

7 Tú decides cuándo crees que los germinados están listos para el consumo. Nosotros cosechamos los nuestros cuando las legumbres alcanzan alrededor de 1 cm (½ in) de altura, pero la alfalfa se puede dejar crecer un poco más. Escurre una última vez antes de usar los brotes, y cerciórate de quitar y desechar las semillas que no hayan germinado. El proceso completo dura entre dos y cuatro días: lo bastante rápido incluso para el más impaciente de los horticultores caseros.

Consejos

○   Consume los brotes en un máximo de cinco días.

○   Si tu casa es especialmente húmeda, cambia el agua con más frecuencia.

○   Pon un minutero o alarma para no olvidarte de enjuagar los germinados cada día.

○   La limpieza es importantísima para esta tarea, de modo que debes utilizarlo todo recién lavado o desinfectado.

Replanta

Ajo

La escena del crimen: vas en busca de un ajo en casa y descubres que el pobre desafortunado se ha quedado en la prisión del armario de la cocina demasiado tiempo, con brotes verdes suplicando su salvación.

En lugar de tirar a la basura la prueba del delito, puedes aprovechar estos ajos germinados para cultivar tus ajetes. De sabor más suave que los ajos que han echado cabeza y con el frescor de la cebolleta (cebolla tierna), los ajos tiernos son un toque colorido o un ingrediente ideal para añadir a un sofrito oriental. Nosotros preferimos usarlos como guarnición casera improvisada. También puedes triturar ajetes cocidos con aceite de oliva y sal para preparar un sencillo puré de ajos tiernos: una aportación fresca y estupenda para un asado.

Los brotes verdes no sabrán bien al principio: debes dejarlos crecer al menos un dedo de largo antes de cosecharlos. También cabe señalar que cultivar ajetes en el alféizar de una ventana está comprobado que mantiene alejados a los vampiros...

Velocidad de cultivo	Rápida
Dificultad	Baja
Ubicación	Soleada
Temperatura	Media
Uso	Comestible
Recipiente	Pequeño

Necesitarás

Tarro pequeño de mermelada
Agua
Tijeras de cocina

Para hacer rebrotar ajo

1   Pela la piel exterior de los dientes de ajo, luego disponlos en un pequeño tarro de mermelada de modo que los brotes verdes queden dirigidos hacia arriba.

2   Añade agua fresca hasta una profundidad de alrededor de 1 cm (½ in): justo para sumergir las bases de los ajos.

3   Pon el tarro en un alféizar soleado y cámbiale el agua al menos en días alternos para mantener el cultivo fresco y evitar estancamientos y bacterias.

4   Una vez alcancen una longitud de unos 10 cm (4 in), cosecha los ajetes con unas tijeras de cocina afiladas. Si cortas hasta la mitad del tallo verde, seguirá creciendo y podrás recortarlo una y otra vez.

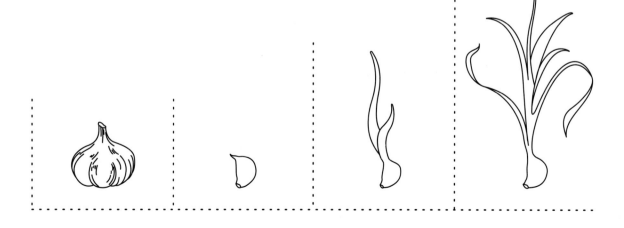

Consejos

○   Elige los dientes de ajo más grandes para germinar.

○   Experimenta con diferentes variedades de ajo para comprobar cuál prefieres.

○   Si dejas crecer demasiado la cosecha, acabará floreciendo. Estas floraciones son ideales para dar sabor y decorar un Dirty Martini.

Replanta

Menta

La menta se propaga con gran facilidad. Muchos cuidadores de huertos la consideran una planta invasiva porque se reproduce sola y se desarrolla en una amplia diversidad de entornos. En la naturaleza, la menta tiende a crecer en suelos muy húmedos junto a arroyos, ríos y lagos, lo cual significa que vive bien en un vaso de agua dispuesto en el alféizar de una ventana. Estas son las cualidades que convierten esta hierba aromática en una buena opción para cultivarla en casa.

A nosotros nos encanta cultivarla en el huerto, en parte porque es fantástica en la cocina y para elaborar cócteles, y en parte porque se trata de un insecticida respetuoso con el medioambiente. Como cultivo asociado, la menta repele multitud de insectos no deseados. Puede incluso emplearse en interiores para eliminar plagas comunes como avispas, avispones y cucarachas.

El año pasado, compramos un hornillo de acampada que guardamos en la caseta de herramientas del huerto. Utilizamos una vieja tetera para hervir agua si trabajamos en el exterior un día de frío. Nos encanta preparar una infusión de menta y ortigas recién cogidas del huerto, simplemente mezclando las hojas en una taza, añadiendo agua hirviendo y dejando reposar dos o tres minutos. La bebida caliente resultante nos reconforta y revitaliza: pruébala.

Velocidad de cultivo	Rápida
Dificultad	Baja
Ubicación	Soleada
Temperatura	Fresca
Uso	Comestible
Recipiente	Pequeño

Necesitarás

Cuchillo afilado

Vaso de cristal o tarro de mermelada

Agua

Tierra para cultivo o substrato para macetas

Maceta pequeña o mediana con agujeros de drenaje y bandeja de goteo

Tijeras de cocina

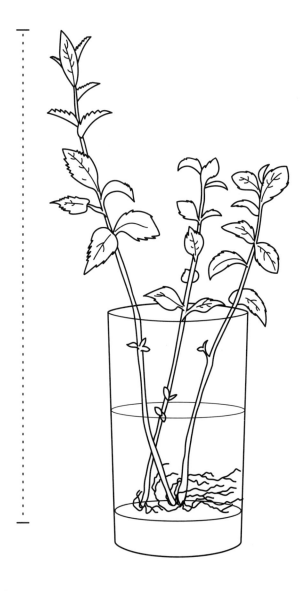

Para hacer rebrotar menta

1   Toma un tallo sano de menta fresca y, con un cuchillo afilado, retira las hojas más bajas, dejando el tercio inferior desnudo.

2   Pon la menta en el tarro de mermelada o vaso de cristal y añade suficiente agua limpia y fresca para sumergir el tercio inferior del tallo.

3   Dispón el recipiente en un alféizar soleado y un ambiente cálido, y cámbiale el agua cada día.

4   Pasados unos diez días, tu menta habrá sacado raíces nuevas de la base del tallo. Esto significa que el esqueje está listo para trasplantarlo a una maceta o al jardín.

5   Si vas a cultivar la menta en una maceta, es conveniente emplear tierra de cultivo, disponible en tu centro de jardinería habitual o por internet, pero, si no tienes a mano, entonces un substrato para macetas normal también te servirá. Llena una maceta pequeña o mediana con tierra. Asegúrate de que tenga agujeros de drenaje en la base y pon un plato o bandeja debajo para recoger el exceso de agua si vas a regar la planta en el interior.

6 Hunde los tallos de menta en la tierra y con cuidado compáctala alrededor para que se sostengan en pie.

7 Riega la maceta con frecuencia. Recuerda siempre que a la menta le gustan los ambientes húmedos.

8 Puedes sacar la maceta al balcón o al jardín. Si se trata de una maceta pequeña, puedes incluso dejarla en el alféizar de la cocina.

9 Cosecha la menta con tijeras de cocina a medida que la necesites. Cuando las raíces estén bien fijadas, y siempre que mantengas las condiciones adecuadas, la menta revivirá vigorosamente.

Consejos

○ Acuérdate de cortar las hojas de la parte inferior del tallo para que no estén en contacto con el agua.

○ Experimenta con diferentes variedades, como la hierbabuena y la menta acuática. La menta lavanda combina a la perfección con unas fresas frescas.

○ La menta cultivada en un recipiente puede secarse con facilidad. Riégala a diario en verano para mantenerla verde y frondosa.

Replanta

Col china

La col china, pak choi o bok choy es una crucífera de origen chino. Presenta tallos crujientes de color blanco o verde claro y hojas anchas. La puedes encontrar en el supermercado, en tiendas de alimentación sana y en mercados de producción local en diversidad de tamaños, de 5-30 cm (2-12 in). Todas sus partes son comestibles, pero lo más atractivo de esta hortaliza es su ritmo de crecimiento. Las variedades más pequeñas están listas para comer al cabo de solo treinta días desde la siembra de las semillas. Esta velocidad y un apetito insaciable son lo que la convierten en una planta ideal para hacer rebrotar en casa.

Al reproducir la col china en casa, los resultados son poco menos que instantáneos. En pocas horas, la planta empieza a crecer. Si eres aficionado a la fotografía y deseas dejar constancia de uno de tus proyectos de cultivo con restos de vegetales mediante la técnica de cámara rápida, entonces la col china es tu protagonista ideal.

Cualquier tipo de col china puede hacerse rebrotar, pero recomendamos una variedad más grande de «verdadera» col china antes que la col tipo Shanghai, más pequeña, ya que la base de la planta es más robusta y el producto final será de mayor tamaño y más sustancial.

Velocidad de cultivo	Rápida
Dificultad	Baja
Ubicación	Soleada
Temperatura	Fresca
Uso	Comestible
Recipiente	Pequeño

Necesitarás

Cuchillo afilado

Agua

Tarro de boca ancha o cuenco de base plana

Maceta mediana con agujeros de drenaje y bandeja de goteo

Substrato para macetas

Tijeras de cocina

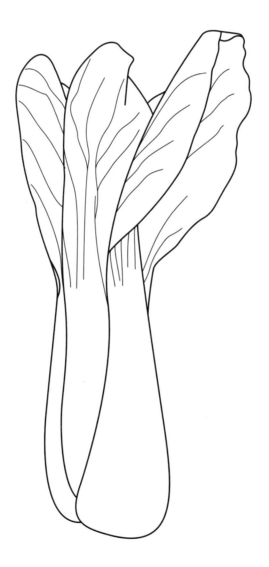

Para hacer rebrotar col china

1   Igual que para hacer rebrotar otras hortalizas, debes conservar la parte inferior de la col china, donde se encuentran las raíces, dado que así te aseguras de que el agua llega a las partes de la planta necesarias para hacerla crecer de nuevo. Cuando utilices una col china para cocinar, usa un cuchillo afilado para cortar los tallos y quedarte con una base de 5-10 cm (2-4 in).

2   Introduce esta base en un tarro de boca ancha o un cuenco de base plana, y llénalo de agua limpia y fresca de modo que la mitad del esqueje quede sumergido.

3   Coloca el recipiente en un espacio luminoso pero fresco. Apreciarás el crecimiento de la col en veinticuatro horas, y en tres días, el esqueje ya presentará hojitas y empezará a echar raicillas. Asegúrate de cambiar el agua cada día para que se mantenga limpia.

4   Al cabo de una semana, observa atentamente el esqueje. Si has elegido la pequeña variedad Shanghai de col china, la podrás cosechar en cuanto valores que tienes suficientes hojas para tu propósito. Si el agua se mantiene limpia, puedes seguir cultivando la col china en este medio durante un par de semanas más antes de que pierda vitalidad.

5 Si has optado por la variedad original, más grande, obtendrás mayor rendimiento de la cosecha si ahora la trasplantas a una maceta para que siga creciendo. Pasada una semana en agua, el esqueje habrá echado raicillas bajo el agua. Si es así, está listo para el traslado.

6 Elige una maceta mediana con agujeros de drenaje y bandeja de goteo. Llénala con substrato para macetas y abre un huequecillo en el centro, suficientemente grande para acomodar el esqueje. Al introducirlo en el hueco, vigila para que las raíces queden rodeadas de tierra. Con cuidado pero con firmeza, presiona la tierra alrededor de la planta.

7 Riega la maceta con regularidad, un poco cada día: suficiente para que la tierra no se seque pero sin excederte. Colócala en un lugar iluminado pero fresco. Puede ser un jardín, el balcón o incluso en el interior si la temperatura no es demasiado cálida.

8 Cosechar la col china es fácil. Con un par de tijeras de cocina limpias, corta las hojas que necesites. Si has plantado el esqueje en tierra, siempre que la planta haya formado un sistema de raíces sano, debería seguir creciendo y ofreciéndote hojas frescas de col china a lo largo de todo el año.

Consejos

○ Si dejas el esqueje en un lugar demasiado cálido, a 25 °C (77 °F) o más, la col china tiende a florecer. Este florecimiento prematuro se produce cuando una planta está tan estresada que echa mano de un último recurso para procrear. Una crucífera estresada puede ser muy bonita y regalarte un ramillete de flores amarillas. Pero, al florecer, los vegetales pierden sabor y las hojas se vuelven amargas.

○ Dado que se trata de una planta originaria de climas cálidos, no debes temer si la dejas en un lugar soleado.

○ El rápido crecimiento de la col china la hace ideal para involucrar a los niños e interesarlos por la jardinería, la cocina y la comida saludable.

Replanta

Apio

Si buscas un proyecto facilísimo a prueba de novatos para empezar a cultivar esquejes para que rebroten, el apio es una apuesta segura. En la naturaleza, el apio crece en zonas pantanosas, de modo que le gustan los ambientes húmedos. Esto significa que revive con facilidad y robustez en un tarro con agua. Para reproducir su hábitat natural, deberás mantener el esqueje húmedo mientras crece.

Es posible que relaciones el apio con las dietas para perder peso. Eso es porque todo el mundo sabe que esta planta proporciona menos calorías de las que normalmente se quemarían mientras se come. Por tanto, esto significa que, si no comieras nada más que apio durante el resto de tu vida, morirías de inanición, aunque más lentamente que si no comieras nada de nada. Cambiando de tercio, el apio desempeña un papel importante en la gastronomía criolla de Luisiana, y es capaz de mejorar la profundidad de sabor de una sopa o estofado.

Velocidad de cultivo	Rápida
Dificultad	Baja
Ubicación	Luz
Temperatura	Fresca
Uso	Comestible
Recipiente	Mediano

Necesitarás

Cuchillo afilado

Tarro de boca ancha o cuenco de base plana

Agua

Rociador o pulverizador

Tijeras de cocina

Maceta pequeña con agujeros de drenaje y bandeja de goteo

Substrato para macetas

Para hacer rebrotar apio

1   Con un cuchillo afilado, recorta una rama de apio para quedarte con una base de 8-10 cm (3 ¼-4 in). Así conservarás la zona parecida a las raíces de la base de la planta. El corazón de esta sección se regenerará para formar nuevas hojas de apio.

2   Pon el esqueje en un tarro de abertura ancha o un cuenco mediano de base plana. Añade suficiente agua fresca para sumergir la base del esqueje de apio, pero no más de 4 cm (1 ½ in) en ningún momento, ya que el exceso de agua en el recipiente puede llegar a pudrir el esqueje.

3   El apio necesita un lugar fresco para rebrotar, pero también precisa mucha luz indirecta. El alféizar de una ventana en una habitación fresca y luminosa que no reciba luz directa del sol es ideal. Utiliza un rociador o pulverizador para humedecer la planta con agua cada día.

4   Cerciórate de que le cambias el agua a diario para que la planta no se deteriore. Si no lo haces, empezará a desprender mal olor y tendrá un aspecto miserable. Si alguno de los tallos se pone marrón y viscoso a causa del contacto con el agua, puedes recortarlo para que el esqueje sea bien fresco y de aspecto saludable.

5 Notarás que el centro del esqueje empieza a crecer al cabo de un par de días. Las capas internas de tallos crecerán en altura y una bonita rama nueva empezará a sobresalir del esqueje.

6 Puedes cosechar las hojas y tallos nuevos de apio directamente del tarro o cuenco con un par de tijeras de cocina. No obstante, si prefieres que el apio siga creciendo, debes trasplantar el esqueje a una maceta de tamaño mediano llena de substrato para macetas. Elige una maceta con drenaje adecuado. Pon la plantita de apio en la maceta y añade un poco más de compost por arriba para cubrir el esqueje original. Riega la planta regularmente para que la tierra se mantenga húmeda pero sin empaparla.

Consejos

○ Si decides cultivar el apio en el exterior, añade mucho compost y dispón material de acolchado alrededor de la planta para que conserve la humedad.

○ El apio es una guarnición baja en hidratos de carbono excelente para platos calientes. Simplemente saltéalo una vez cortadito en una sartén con mantequilla, sal y pimienta. Añade un poco de caldo vegetal y unos copos de guindilla.

○ No es necesario cosechar el apio enseguida. Intenta dejarlo crecer tres meses para obtener un tallo más grueso.

Cultivos medianamente rápidos

Lechuga

Cuando empezamos a cultivar nuestros esquejes, no dábamos crédito a los años que habíamos pasado desechando plantas vivas que pedían otra oportunidad para crecer. Al familiarizarte con el proceso, no volverás a ver con los mismos ojos un vegetal de hojas que crece tan rápido como la lechuga. Justo la parte que tiras a la basura o el cubo de compost (el corazón duro de la base) está repleta de poderosa energía para rebrotar y reproducir un ejemplar nuevo.

En pocos días, los corazones rebrotados de lechuga empiezan a producir hojitas diminutas y, en pocas semanas, los tiernos tallos nuevos de tu futura ensalada rebosarán vida.

Velocidad de cultivo	Mediana
Dificultad	Mediana
Ubicación	Soleada
Temperatura	Fresca
Uso	Comestible
Recipiente	Mediano

Necesitarás

Cuchillo afilado

Tarro de mermelada, cuenco de base plana o bandeja de plástico de lados altos

Agua

Maceta con agujeros de drenaje y bandeja de goteo (opcional)

Substrato para macetas (opcional)

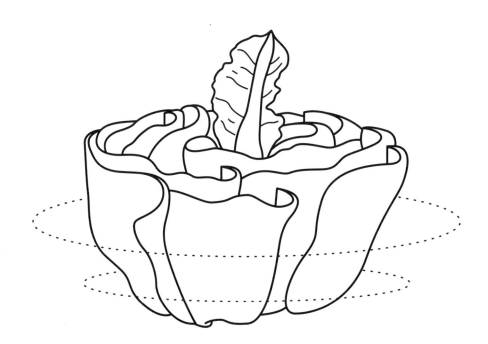

Para hacer rebrotar lechuga

1
Al preparar una lechuga fresca para comer, acuérdate de cortar y reservar el corazón cortando la base a 5-7,5 cm (2-3 in). Esta sección se convertirá ahora en la línea vital para la reencarnación de tu vegetal.

2
Pon el corazón de lechuga en un tarro de mermelada limpio. Si vas a cultivar más de una lechuga a la vez, elige un cuenco llano o una bandeja de plástico con lados altos para que cada esqueje tenga acceso a la misma cantidad de agua.

3
Llena el recipiente con suficiente agua fresca para cubrir la base del corazón de lechuga, pero no con tanta como para sumergir la parte superior del esqueje. Más o menos, para conseguir una profundidad de 2-4 cm (¾-1 ½ in).

4
Pon el esqueje en un lugar soleado. Se recomienda renovar el agua en días alternos. Así se evita que se estropee y, además, se recupera el líquido perdido por evaporación.

5   Aunque la planta rebrotará pronto, es posible que algunas partes del corazón de lechuga se pongan marrones y se marchiten. Con cuidado, córtalas con un cuchillo afilado para que no contaminen el suministro de agua de la planta.

6   Las hojas verdes nuevas están listas para su consumo en cualquier momento, de modo que tú decides lo grandes que deseas que crezcan antes de cortarlas para añadirlas a la ensalada.

7   Si lo deseas, puedes trasplantar fácilmente el corazón de lechuga en crecimiento a una maceta con substrato para macetas para aportar suficientes nutrientes al esqueje para un rebrote completo.

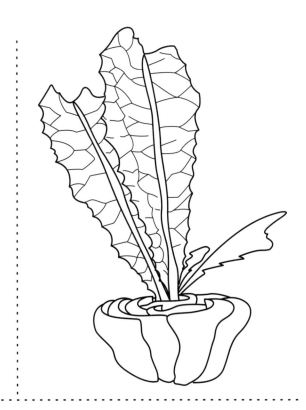

Consejos

○   Corta las hojas marrones para evitar la podredumbre.

○   Las hojitas tiernas más pequeñas son una decoración bonita para entrantes.

○   Siempre encontrarás nuevas variedades de lechuga para experimentar. Prueba a cultivar unas cuantas diferentes a la vez.

○   Cultiva la lechuga en tus alféizares todo el año. Con el debido cuidado y atenciones, siempre dispondrás de una ensalada casera a mano.

Remolacha

El color morado y rosa del jugo de la remolacha es siempre asombroso, aunque lleves años cocinándola. Hay algo de otros tiempos en su sabor a tierra y, si comes demasiadas, ¡tiñen la orina de rosa!

Dicen que las remolachas al principio se cultivaban solo por sus hojas, pero, al llegar los romanos, sus raíces también se hicieron un hueco en el menú. Históricamente, la remolacha ha tenido uso medicinal (a menudo en relación con afecciones de la sangre) y se sabe que su tono carmín se ha empleado para colorear de todo, incluso el cabello humano en la época victoriana.

Cultivar esquejes de remolacha para que rebroten significa producir sus hojas y tallos, que pueden emplearse para preparar una variedad de platos a lo largo del año. Por ejemplo, las hojas son ideales como acompañamiento si se aliñan, se saltean con mantequilla y se mezclan con un poco de nata y piñones tostados. Antes de empezar, debes saber que, cuanto más fresca sea tu remolacha, más hojas rebrotarán. Nosotros tenemos la suerte de disponer de las que cosechamos en nuestra parcela, pero muchos supermercados y tiendas de alimentación venden remolacha fresca, en particular cuando es temporada.

Velocidad de cultivo	Mediana
Dificultad	Baja
Ubicación	Soleada
Temperatura	Fresca
Uso	Comestible
Recipiente	Mediano

Necesitarás

Cuchillo afilado

Tarro de vidrio de mediano

Agua

Substrato para macetas (opcional)

Maceta con agujeros de drenaje y bandeja de goteo (opcional)

Para hacer rebrotar remolacha

1   Con un cuchillo afilado, corta los 3 cm (1 ¼ in) de la remolacha y consérvala para hacer rebrotar las hojas.

2   Si la remolacha ya tiene hojas en la parte superior, córtalas y deséchalas.

3   Pon la remolacha (con la parte de las hojas arriba) en un tarro de vidrio y llénalo con suficiente agua para cubrir la base de la raíz cortada con una profundidad de 1 cm (½ in). Observarás que el agua se tiñe de un bonito color rosado que lucirá precioso en un alféizar soleado.

4   Ahora, la remolacha necesita mucha luz para volver a echar hojas. Coloca el tarro en un lugar soleado y luminoso. Notarás unas diminutas motas de color verde claro, las hojitas de remolacha, creciendo del esqueje en menos de veinticuatro horas, lo cual es destacable.

5   Es importante cambiar el agua en días alternos, o a diario si hace calor.

6

Puedes recolectar las hojas y los tallos nuevos en cuanto te parezca. Nosotros preferimos disponer de varias remolachas rebrotando a la vez para poder recolectar unas cuantas hojas de cada planta, en lugar de arriesgarnos a acabar con la cosecha cortando todas las hojas y tallos de golpe. Al cabo de un tiempo, los esquejes dejarán de rebrotar. Entonces, es hora de echarlos al cubo del compost, pero te sorprenderá la cantidad de producto obtenido de un resto de raíz tan insignificante.

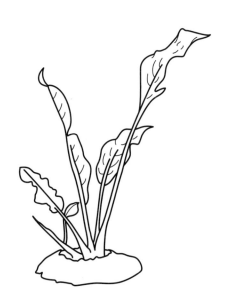

Consejos

○ Intenta utilizar la variedad Blankoma. Su raíz blanca produce hojas firmes y largas que pueden usarse como las espinacas.

○ Mezcla remolachas amarillas y moradas con zanahorias, rábanos y otros vegetales coloridos para elaborar una ensalada multicolor de la que te enorgullecerás.

○ Intenta usar una cubeta de cultivo para cultivar diez o más raíces de remolacha.

Replanta

Hinojo

Si tienes la suerte de haber pasado unas vacaciones en alguna región mediterránea, habrás notado que el hábitat natural donde crece el hinojo silvestre son los márgenes de los caminos campestres. Sus flores amarillas y hojas plumosas lo identifican fácilmente cuando ya lo conoces. El característico aroma a anís de la planta puede incluso traerte a la memoria los chupitos de licor de saúco tomados en la pista de baile.

El hinojo se emplea como alimento y medicina desde hace generaciones. La Biblioteca Británica conserva un manuscrito del siglo X titulado *Nine Herbs Charm* («hechizo de las nueve hierbas»): una receta para una poción usada para combatir los efectos de las infecciones en la Inglaterra anglosajona, que incluye un poema que se recitaba durante la preparación del remedio. El dulce hinojo es una de las nueve hierbas de la fórmula.

El hinojo es una opción perfecta para el cultivo de esquejes en casa, al menos porque su aspecto es tan interesante como su sabor. Las hojas de la planta son lo primero que reaparece en el esqueje, y se pueden cortar en cuanto se desee para utilizarlas en la cocina. Prepara con estos brotes una deliciosa ensalada veraniega con hinojo cocido, alubias y queso azul.

Velocidad de cultivo	Mediana
Dificultad	Mediana
Ubicación	Sol indirecto
Temperatura	Mediana
Uso	Comestible
Recipiente	Mediano

Necesitarás

Cuchillo afilado

Palillo o pincho

Vaso de boca ancha

Agua

Tijeras de cocina

Substrato para macetas (opcional)

Maceta con agujeros de drenaje y bandeja de goteo (opcional)

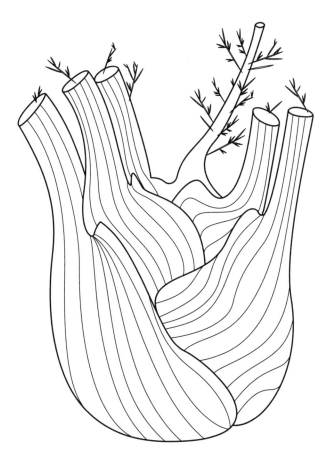

Para hacer rebrotar hinojo

1
Cuando utilices hinojo en la cocina, corta la parte de la raíz de modo que puedas reservar un trozo de bulbo de unos 5 cm (2 in).

2
Es importante que la mayor parte del bulbo permanezca seco para que rebrote. Emplea tres palillos y pincha la circunferencia del esqueje dejando distancias iguales, a 1 cm (½ in) de la parte superior del bulbo.

3
Deja reposar el esqueje (la raíz hacia abajo) sobre un vaso de boca ancha. Un vaso grande o jarra pequeña funcionarán bien. Los palillos quedarán apoyados en el borde del vaso y mantendrán sujeto el bulbo.

4
Llena el vaso con suficiente agua fresca para sumergir solo la raíz del esqueje. El resto del bulbo debe quedar por encima del agua.

5   Dispón el vaso en un alféizar luminoso, pero donde no le dé demasiada luz solar directa.

6   Acuérdate de cambiarle el agua al menos cada dos días para mantener el esqueje limpio y sano.

7   En cuestión de días, detectarás la aparición de pequeños brotes y hojas de hinojo. Deja que crezcan hasta el tamaño que desees antes de cortarlos con tijeras y usarlos para tus recetas.

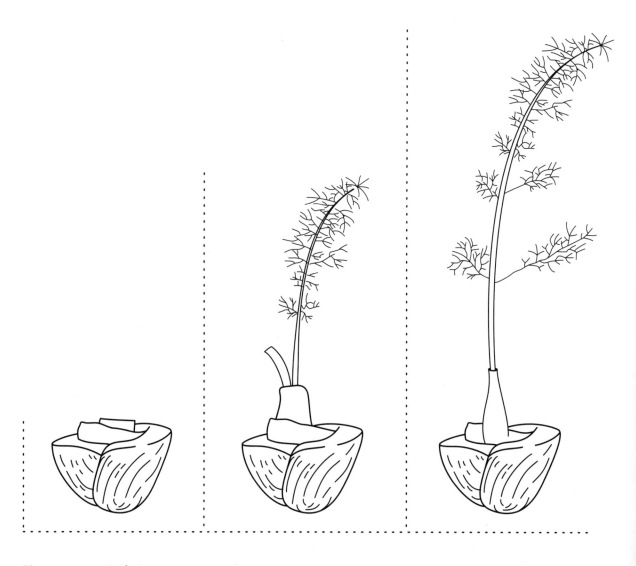

Consejos

○   Si el hinojo empieza a secarse, rocíalo con agua fresca para aumentar el nivel de humedad.

○   Las diminutas hojas plumosas del hinojo pueden servir para elaborar un pesto con frescor añadido.

○   Sirve el hinojo asado con queso gorgonzola, o úsalo para preparar un sabroso *risotto* de almejas con hinojo.

Replanta

Puerro

Muchas personas quizá sepan que el puerro es el emblema floral nacional de Gales. Al diseñar el traje de coronación de la reina Isabel II de Inglaterra, el modisto Norman Hartnell pidió si podía cambiar la imagen del puerro galés por la de un narciso, más refinado. Afortunadamente, la petición fue negada y el poderoso puerro ocupó el lugar que le correspondía en el ropaje ceremonial de la reina.

El tamaño de los puerros resulta sorprendentemente grande cuando los ves crecer en una parcela o huerto. Al llegar al supermercado, suelen haberlos cortado, pero en el campo presentan hojas largas y espléndidas, como si dibujaran la explosión de unos fuegos artificiales.

Cultivar puerros en casa es una gran idea, no solo porque crecen deprisa, sino porque, además, su forma y tamaño los convierten en una impresionante e inusual planta de interior.

Por no decir que es imposible superar unos puerros calentitos untados con mantequilla al aroma de tomillo.

Velocidad de cultivo	Mediana
Dificultad	Mediana
Ubicación	Sol indirecto
Temperatura	Mediana
Uso	Comestible/ornamental
Recipiente	Grande

Necesitarás

Cuchillo afilado

Vaso de cristal de boca ancha

Agua

Maceta mediana con agujeros de drenaje y bandeja de goteo

Substrato para macetas

Tijeras de cocina (opcional)

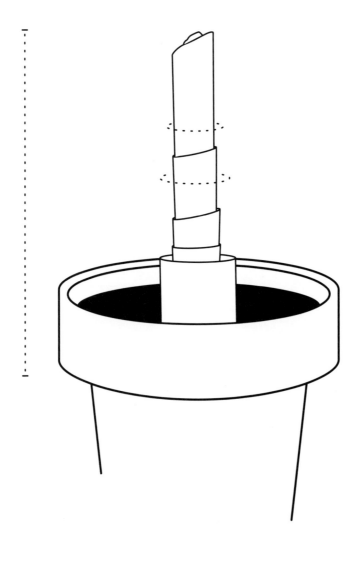

Para hacer rebrotar puerros

1   La próxima vez que compres puerros, selecciona ejemplares con una buena cantidad de raíces sanas en la base. Cuando los utilices para cocinar, corta la parte inferior a unos 8 cm (3 ¼ in) con un cuchillo afilado. Estos serán los cimientos de la nueva planta.

2   Coloca el esqueje en un vaso con agua a temperatura ambiente. El agua debe cubrir solo las raíces.

3   Pon el vaso en un alféizar luminoso, pero alejado de la luz directa del sol. Cambia el agua cada dos días para evitar que los puerros se vuelvan viscosos o desprendan olor acebollado.

4   Deja los puerros en esta ubicación durante las dos primeras semanas. Pasados unos días, observarás que las raíces se han vuelto más fuertes y largas.

5   Ahora el puerro está listo para pasarlo a una maceta llena de substrato para macetas. Practica un agujerito en la tierra, justo para cubrir la base del puerro donde se han formado las raíces. Presiona con cuidado la tierra que rodea el esqueje para que el puerro se tenga en pie, y añade un poco más de substrato si es necesario. Coloca la maceta en un lugar luminoso pero fresco: un balcón, por ejemplo, aunque nosotros hemos cultivado puerros en la sala con éxito.

6 Mantén la tierra húmeda regándola cada día, pero con cuidado de no excederte. En unas semanas, la recompensa serán unas hojas verdes nuevas, y con el tiempo, el puerro se hará fuerte y alto, y se parecerá más a un tronco de bambú ornamental que al pequeño esqueje inicial.

7 Puedes cosechar el puerro en cualquier momento cortando el tallo con un cuchillo afilado o unas tijeras de cocina. Siempre y cuando la planta se riegue y disponga de acceso a la luz, seguirás cosechando puerro una y otra vez.

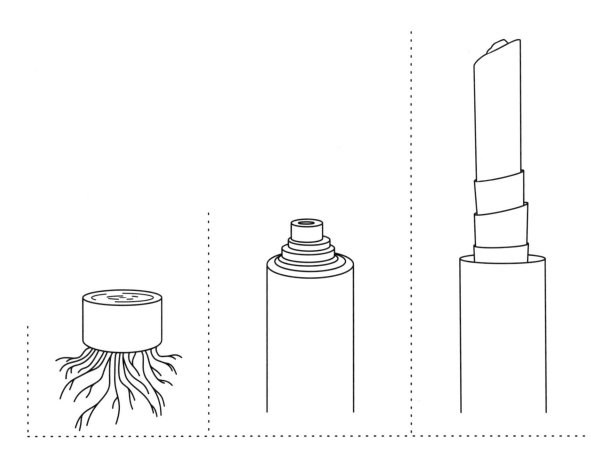

Consejos

○ Un truco más rápido consiste en poner simplemente los puerros recién comprados en un jarrón con agua. Los puerros empezarán a crecer al instante.

___

○ Si cambias el agua de los puerros cada día, evitarás que el olor a cebolla te inunde la sala.

___

○ Deja que los puerros crezcan y florezcan en lugar de comértelos. El resultado es majestuoso (página 14).

Replanta

Cilantro

La famosa personalidad televisiva y maestra de cocina Julia Child dijo una vez que su consejo con el cilantro era «recolectarlo y tirarlo». El sabor del cilantro no es plato de gusto de todo el mundo, pero, para los que sí lo es, aprecian esta hierba aromática por su toque fresco y cítrico, que es una de las características que definen recetas de todo el mundo, desde México o el Mediterráneo hasta Tailandia.

Los científicos creen que las personas que no soportan el cilantro presentan una variación en un grupo de genes receptores que les permite percibir lo que se denominan aldehídos. Para este poco afortunado grupo de personas, la hierba sabe a jabón. Personalmente, a nosotros nos encanta el cilantro. Su sabor a lima limón convierte un aguacate chafado en guacamole, y las semillas de cilantro son la clave para perfeccionar el sabor de multitud de maravillosos curris y estofados.

Resulta difícil cultivar cilantro a partir de un tallo sin raíces, por eso, la próxima vez que compres, busca un manojo de cilantro que conserve algunas raíces. Te será más fácil encontrarlo en tiendas de alimentación sana o establecimientos de comida asiática.

Velocidad de cultivo	Mediana
Dificultad	Mediana
Ubicación	Soleada
Temperatura	Cálida
Uso	Comestible
Recipiente	Pequeño

Necesitarás

Cuchillo afilado

Vaso de cristal

Agua

Maceta pequeña con agujeros de drenaje y bandeja de goteo

Substrato para macetas

Tijeras de cocina

Para hacer rebrotar cilantro

1   Selecciona un buen manojo de tallos de cilantro con las raíces intactas.

2   Con un cuchillo afilado corta los 5 cm (2 in) inferiores de los tallos. Consérvalos para hacerlos rebrotar y utiliza las deliciosas hojas como desees. Asegúrate de que los tallos presenten raíces visibles: de no ser así, los pasos siguientes pueden no servir.

3   Coloca los esquejes en un vaso de cristal pequeño y llénalo con suficiente agua fresca para cubrir las raíces.

4   Deja el vaso con los esquejes de cilantro en un lugar iluminado y cálido, y cambia el agua cada día. En un par de días, deberías notar que los tallos de cilantro empiezan a crecer y producir hojitas nuevas. Es una señal de que están en el buen camino para reproducir una nueva planta de cilantro sana.

5   Cuando confirmes que las raíces también han empezado a crecer, es hora de pasar el cilantro a una maceta para que siga prosperando, nutriéndose de los minerales de la tierra.

6 Hunde las raíces en un agujerito practicado en el substrato para macetas si es necesario, compactando suavemente la tierra que rodea la plantita.

7 Coloca una bandeja de goteo o platito debajo de la maceta para evitar que se derrame el agua, y riega abundantemente la planta. El cilantro prefiere una tierra más bien húmeda, de modo que puedes dejar que el exceso de agua quede en el platito. Si la planta empieza a secarse, absorberá ese líquido de la base.

8 Pon la maceta en un lugar iluminado y resguardado (de interior o exterior). Riega la planta a diario, prestando atención a la humedad de la tierra para cerciorarte de que la planta no pase sed.

9 En cuestión de semanas, obtendrás la recompensa de una cosecha sana y copiosa de cilantro. Cuando recojas el cilantro, usa unas tijeras limpias para tomar la cantidad que precises, pero deja al menos una hoja en cada tallo para mantener la planta sana y conseguir que vuelva a brotar una vez más.

Consejos

○   Las plantas de cilantro no suelen necesitar abono, pero un fertilizante líquido equilibrado administrado ocasionalmente puede hacer revivir la planta.

○   Pregunta a tus invitados antes de servirles platos con cilantro. Podría saberles a detergente para lavavajillas líquido.

○   Sigue cortando y cosechando hojas de cilantro, y la planta te ofrecerá más producción.

Replanta

Zanahoria

Durante la Segunda Guerra Mundial, se extendió el rumor de que las zanahorias te permitían ver en la oscuridad, y, al parecer, en el Reino Unido, el ministerio de información relacionó los pilotos de la RAF con mayor éxito con su consumo de zanahorias. Esta idea quedó grabada en el público británico. El hecho de si se trata de una creencia genuina o una mera excusa para conseguir que los niños coman verduras sigue siendo una de las preguntas sin respuesta de nuestros tiempos.

Cultivar zanahorias es relativamente sencillo, pero, antes de imaginarte sirviendo tu bizcocho de zanahoria elaborado con tu propio producto, debes saber que lo que vas a hacer en realidad es cultivarlas para obtener rebrotes de sus hojas. Con los años, las hojas de zanahoria se han ganado mala reputación, y algunas fuentes incluso han sugerido que eran incomestibles. No es el caso, y una búsqueda en internet demuestra la abundancia de recetas que las incluyen y maneras de utilizar estas hojas nutritivas y llenas de vitaminas.

Este sistema solo sirve con zanahorias que conservan hojas en la parte superior, o al menos un bulto marrón donde deberían encontrarse estas: tenlo en cuenta al comprar el producto.

Velocidad de cultivo	Mediana
Dificultad	Baja
Ubicación	Sol indirecto
Temperatura	Fresca
Uso	Comestible
Recipiente	Mediano

Necesitarás

Cuchillo afilado

Vaso mediano de vidrio o cuenco o bandeja de base plana

Agua

Maceta mediana con agujeros de drenaje y bandeja de goteo

Substrato para macetas

Tijeras de cocina

Para hacer rebrotar zanahorias

1   La próxima vez que utilices zanahorias en la cocina, conserva un trozo de 5 cm (2 in) de la parte superior y corta las hojas (aprovéchalas para preparar una receta si están frescas y sanas).

2   Coloca los esquejes de zanahoria con el extremo superior hacia arriba en un tarro mediano o un cuenco llano. Para conseguir una buena cosecha, lo ideal es preparar unas cuantas zanahorias a la vez para que rebroten, por lo que puede ser útil hacerlo en una pequeña bandeja de plástico con lados altos para contener agua.

3   Llena el recipiente con suficiente agua fresca para cubrir casi toda la parte naranja de la raíz de zanahoria, pero con cuidado para no sumergir ninguna zona de la parte superior que producirá los brotes verdes.

4   Deja el recipiente en un alféizar parcialmente soleado y cambia el agua cada día.

5   En unos días, las hojas de zanahoria empezarán a resurgir de la parte superior de los esquejes. Ahora es el momento de trasplantar los esquejes en tierra.

6   Llena una maceta de tamaño mediano con substrato para macetas y dispón los esquejes de zanahoria con las hojas saliendo de la tierra. Alrededor de 2 cm (¾ in) de los esquejes de 5 cm (2 in) deben quedar visibles y sobresalir del substrato.

7 Riega la maceta de manera que la tierra siempre esté húmeda. La frecuencia de riego dependerá de la temperatura y humedad ambientales, pero procura no excederte o las plantas pueden pudrirse.

8 Puedes cultivar las zanahorias en interior o exterior, en un alféizar o el balcón, o incluso plantarlas directamente en la tierra del jardín o parcela (como nosotros).

9 Las hojas de zanahoria se endurecen a medida que se las deja crecer, por lo que aconsejamos que las coseches cuando están tiernas. Para ello, sencillamente corta las hojas con unas tijeras afiladas y acláralas antes de usarlas para cocinar.

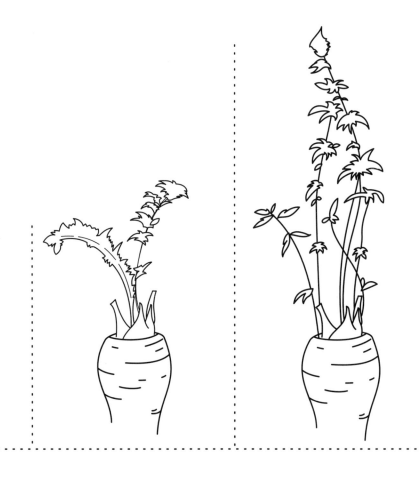

Consejos

○ Pregunta en tu tienda cuándo les llegan zanahorias frescas. Cuanto más fresco sea el producto original, más probabilidades de que rebrote con salud.

○ A nosotros nos gusta añadir hojas de zanahoria picadas a platos como el tabulé como sustituto del perejil (pertenecen a la misma familia), pero también son riquísimas pasadas por la sartén.

○ Utilízalas como si fueran espinacas para diversidad de platos cocinados, como relleno para unos canelones o sobre unas tostadas con salsa de queso.

Replanta

Caña de limón

El verano pasado, uno de nuestros vecinos del huerto cuidaba una colmena. Era una maravilla porque las plantas de nuestras parcelas servían néctar a placer a miles de abejas insaciables. Por no hablar de su magnífica labor de polinización de nuestros cultivos, que favoreció una fantástica cosecha. Por desgracia, esta primavera nos enteramos de que la colmena estaba vacía. Las abejas la habían abandonado.

Quizá si hubiéramos tenido acceso a un poco de aceite de caña de limón, habríamos tentado a las abejas para regresar a la colmena. En apicultura, la caña de limón imita las feromonas emitidas por las glándulas de la abeja melífera para atraer abejas a su colmena. No obstante, un uso más común de la caña de limón es como ingrediente de la cocina tailandesa, donde su espléndido sabor y aroma cítrico condimenta sofritos, curris y marinados.

La caña de limón fresca pesa bastante, está repleta de aceite y humedad. Las que se venden en los supermercados suelen haber empezado a secarse y, si bien es posible que mantengan su sabor y sean adecuadas para cocinar en casa, recomendamos que consigas la caña de limón más fresca posible si tu intención es reproducirla.

Velocidad de cultivo	Mediana
Dificultad	Mediana
Ubicación	Luminosa
Temperatura	Cálida
Uso	Comestible/ornamental
Recipiente	Pequeño/mediano

Necesitarás

Cuchillo afilado

Agua

Vaso de cristal o tarro de mermelada

Maceta pequeña o mediana con agujeros de drenaje y bandeja de goteo

Substrato para macetas

Tijeras de cocina

Para hacer rebrotar caña de limón

1
Con un cuchillo afilado corta los tallos de caña de limón para quedarte solo con 8 cm (3 ¼ in) de la parte inferior. Esta es la parte más bulbosa de la caña de limón y es de color más claro que el resto del tallo.

2
Elige un vaso de cristal o tarro de mermelada del tamaño adecuado en función del número de plantas de caña de limón que vayas a cultivar. Dispón los esquejes de caña de limón en el recipiente con el extremo bulboso abajo. Llena el vaso o tarro con agua, pero sumerge solo la mitad inferior de la parte bulbosa. Aquí es donde empezarán a crecer las nuevas raíces.

3
Coloca el recipiente en un alféizar luminoso o en cualquier lugar cálido y con mucha luz.

4
Cambia el agua cada día para mantenerla limpia, a la vez que observas los esquejes en busca de signos de crecimiento. Deberías detectarlos a lo largo de los primeros catorce días. Enseguida verás un grupo de raíces que se desarrollan en la parte inferior del esqueje.

5
Cuando estés completamente seguro de que la caña de limón ha empezado a rebrotar, es el momento de trasplantarla a una maceta para que empiece su camino hasta convertirse en una planta completa. Llena con substrato para macetas una de tamaño pequeño o mediano con buen drenaje.

6 Transfiere los esquejes de caña de limón directamente a la maceta, hundiendo la base del esqueje en la tierra hasta la mitad de la zona bulbosa. Riega las plantas abundantemente y coloca la maceta en un lugar luminoso y cálido. Acuérdate de seguir regando las plantas para que el substrato no se seque.

7 En cuestión de semanas, la caña de limón crecerá en altura y robustez. Para cosecharla, corta la planta con unas tijeras de cocina bien afiladas, pero no cortes más de la mitad superior de los brotes para asegurarte de que la caña siga creciendo.

8 Las plantas de caña de limón son preciosas como plantas de interior o jardín, por lo que no es necesario comértelas para sentir plena satisfacción con este proyecto de cultivo.

Consejos

○   Prepara un *gin-tonic* de caña de limón con uno o dos tallos cortados de tus nuevas plantas: cháfalos en un mortero y añádelos a una botella con 250 ml (8 ½ fl oz) de ginebra junto con la piel de una lima. Déjalo reposar toda la noche. Usa la ginebra perfumada con caña de limón para preparar tu *gin-tonic*. La infusión aporta un maravilloso aroma al cóctel.

○   Una maceta con caña de limón cultivada en casa es un bonito regalo para alguien que estrena hogar.

○   La caña de limón también se conoce como citronela. En los climas cálidos donde crece de forma silvestre, la planta forma enormes cojines de hierba que alcanzan los 2 m (6 ½ ft) de altura. Si vives en una zona del mundo con inviernos fríos y pretendes cultivar caña de limón en el jardín con fines ornamentales, es conveniente plantarla en una maceta para poder meterla en el garaje o porche durante los meses más fríos para evitar que las heladas dañen la planta.

Replanta

Cultivos lentos

Replanta

Setas

Cuando empiezas a cultivar setas, probablemente ya sabes que va a suceder algo mágico. Las setas y los hongos desde siempre se asocian a las hadas, lo sobrenatural y los viajes psicodélicos. Estos seres vivos no son animales ni vegetales y, cuando se encuentran en sus hábitats naturales, resulta fácil comprender que se hayan hecho un lugar en la cultura popular.

En la naturaleza, las esporas de las setas solo reproducen nuevos ejemplares cuando por azar aterrizan en un lugar idóneo. Del mismo modo, debemos crear el ambiente perfecto en cuanto a temperatura, oscuridad y humedad para que los tallos de seta rebroten. Normalmente, las esporas se convierten en micelios (filamentos ramificados). Este material piloso se observa en el tallo de cualquier seta fresca y es la materia mágica que reproducirá una nueva cosecha de setas.

Existen diversas opciones como medio de cultivo para este proyecto, como la fibra de coco, café molido usado, tierra o estiércol. Es aconsejable investigar un poco para averiguar el mejor según el tipo de seta que se vaya a cultivar. En nuestro ejemplo, elegimos paja para hacer rebrotar setas de ostra. Encontrarás la paja en tiendas de animales, tiene un olor dulce y resulta más apropiada para el armario de la cocina que el estiércol de caballo.

Velocidad de cultivo	Lenta
Dificultad	Alta
Ubicación	Oscura
Temperatura	Mediana
Uso	Comestible
Recipiente	Grande

Necesitarás

Cuchillo afilado

Caja de zapatos o de cartón (preferiblemente con tapa)

Bolsita de paja

Rociador o pulverizador

Papel film transparente o una bolsa de basura de plástico
y cinta adhesiva (si la caja no dispone de tapa)

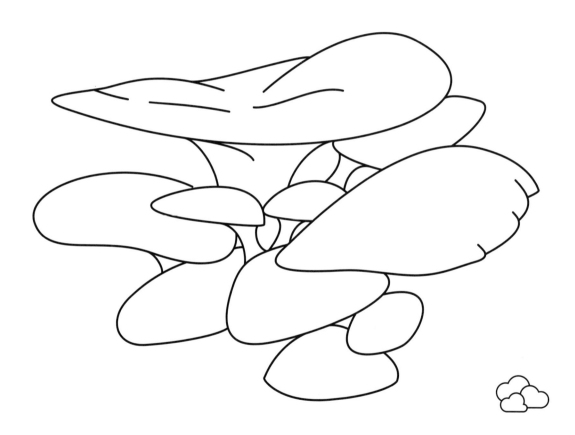

Para hacer rebrotar setas

1   La próxima vez que vayas a cocinar setas, conserva los tallos. Con un cuchillo afilado, corta los tallos en trozos de 1 cm (½ in) y resérvalos.

2   Reparte una capa de 2 cm (¾ in) de paja formando una base en el interior de una caja de zapatos o de cartón. La paja hará de medio de cultivo sobre el cual crecerán las setas.

3   Puedes humedecer más la capa de paja rociándola con agua. Debería quedar húmeda pero no completamente mojada.

4   A continuación, añade una capa de tallos de seta troceados, dispersándolos uniformemente sobre el lecho de paja.

5   Ahora dispón otra capa de paja humedecida y rocíala con un poco más de agua.

6   Las setas crecen a oscuras, de modo que, si las cultivas en una caja de zapatos, debes taparlas y practicar unos cuantos agujeros en la tapa para proporcionar ventilación al medio de cultivo y los micelios del interior. Si no dispones de tapa para la caja, corta un trozo de papel film transparente o una bolsa de basura de plástico y fíjala con cinta adhesiva sobre la caja: acuérdate de los agujeros de ventilación. Para esterilizar la paja, hiérvela durante unos segundos, deja que se enfríe y escúrrela por completo. De este modo evitarás bacterias y levaduras que podrían competir con las setas.

7 Pon la caja en un lugar oscuro a una temperatura de 18-24 °C (65-75 °F). Abre la caja cada día para rociarla ligeramente con más agua, controlando que la paja se mantenga húmeda pero nunca completamente mojada ni completamente seca.

8 Al cabo de un par de semanas, deberías observar que se forma micelio en la paja. Pasadas dos o tres semanas más, las setas estarán listas para cosechar.

9 Una vez formado el micelio, se somete a un choque térmico para inducir la producción de las setas.

10 Pon el recipiente en el frigorífico durante 24 horas antes de retirarlo y abrir la tapa o cortar el plástico. El cambio de temperatura, junto con la menor concentración de CO_2 (ahora le toca el aire), deberían desencadenar la producción de hongos.

11 No te desanimes si el proceso no sale bien la primera vez. Se trata del proyecto más difícil porque en cada fase del mismo hay algo que puede salir mal, desde la elección de unas setas de ostra lo bastante frescas hasta la infección del lote por bacterias. Pero lo bonito es que es gratis y puedes seguir probando.

Consejos

○ Las setas de ostra crecen en árboles muertos, por lo que les gustará si añades un tronquito a la caja de cultivo.

○ Enriquece las setas con vitamina D dejándolas al sol antes de comerlas.

○ Las setas frescas se conservan poco tiempo, pero siempre puedes hacerlas durar más secándolas en el horno a fuego muy bajo y guardándolas en un tarro limpio de cierre hermético.

Aguacate

En la década de los años ochenta, llamábamos a los aguacates «peras aguacate». ¡Imagina la desilusión al morder uno esperando saborear una fruta jugosa y madura! Durante los últimos años, el aguacate ha pasado a ser un fruto muy popular. Sus bellos colores y el contraste de la piel negra con la pulpa verde, y su adaptabilidad para incluirlo en diversidad de platos lo han convertido en protagonista de más de una entrada de Instagram.

El aguacate es una gran baya con una gigantesca semilla en su interior. Al parecer, es originario de México central, donde se cultiva desde hace cientos de años. Su nombre proviene del antiguo término azteca *ahuacatl*, que significa «testículo». Creemos que este hecho hace más intrigante esta delicia de aspecto curioso y nudoso.

Se puede cultivar una planta de aguacate a partir de la semilla. Es poco probable que produzca fruto, pero posee una gran belleza ornamental, y el proceso de crecimiento en sí resulta fascinante. Si pretendes cosechar tus propios aguacates, necesitarás esperar unos quince años hasta que la planta se convierta en un árbol maduro, e incluso entonces, habrá que polinizarla con la ayuda de otra planta adulta. A nosotros nos parece demasiado trabajo, pero, si te sientes ambicioso, no dejes que eso te detenga.

Velocidad de cultivo	Lenta
Dificultad	Alta
Ubicación	Sol indirecto
Temperatura	Mediana
Uso	Ornamental
Recipiente	Mediano

Necesitarás

Cuchillo afilado

Papel o trapo de cocina

Palillos o pinchos

Vaso de cristal o tarro de mermelada de boca ancha

Agua

Estropajo (opcional)

Maceta mediana con agujeros de drenaje y bandeja de goteo

Substrato para macetas

Para hacer rebrotar aguacates

1   Cuando retires el hueso del aguacate, intenta no cortar la superficie de este. Acláralo bajo un chorro de agua fresca y con un trapo o papel de cocina limpia los restos de pulpa que sigan adheridos a la semilla.

2   Notarás que el hueso no es del todo esférico; más bien tiene forma de huevo. Identifica el extremo puntiagudo del hueso para asegurarte de que sea el que queda en la parte superior para todos los pasos siguientes. Con ayuda de un cuchillo, pela con cuidado la piel oscura de la semilla para dejar al descubierto la piel interior (de aspecto pálido y un color parecido al del anacardo).

3   Pincha cuidadosamente el hueso con tres palillos o pinchos y presiona hacia su interior, a una altura aproximada de la mitad de la forma de huevo y separados uniformemente entre ellos alrededor de la circunferencia. Solo necesitas sujetar el hueso con los palillos.

4   Coloca la estructura con la semilla sobre un vaso o tarro de boca ancha. Los palillos ejercerán de andamios y el hueso quedará en suspensión sobre el recipiente. Ahora llena el vaso con agua fresca, la justa para cubrir la mitad del hueso de aguacate. Enseguida, coloca el recipiente en un lugar soleado, como un alféizar luminoso.

5 Debes cambiar el agua cada día para mantener la semilla sana. Si el interior del recipiente se pone verdoso o pardo, conviene limpiarlo para que el agua no se estropee. Si la parte sumergida del hueso ennegrece, no te preocupes. La planta sigue estando perfectamente sana, pero la semilla reacciona al contacto con el agua. Si no te gusta el aspecto de la semilla, no hay inconveniente para limpiarla con ayuda de un estropajo suave y eliminar las manchas oscuras, pero con cuidado para no dañar las raíces tiernas al hacerlo.

6 Ahora deberás armarte de paciencia, ya que la semilla puede tardar más de un mes en abrirse, echar raíces e iniciar su transformación en una plantita de aguacate. El recipiente se llenará de tentáculos de aspecto alienígena y brotarán hojas elegantes de un tallo emergente.

7 Cuando el tallo de la planta alcance unos 20 cm (8 in), será hora de trasplantar el retoño de aguacate a una maceta. Llena una maceta de 20 cm (8 in) de ancho con agujeros de drenaje en la base y llénala hasta casi el borde con substrato para macetas.

8 Con cuidado, retira los palillos de la semilla y trasplanta la plántula a la maceta donde habrás practicado un hueco con los dedos. El agujero debe ser lo bastante grande para que quepan bien las raíces y permitir que el hueso quede completamente cubierto con la tierra circundante.

9 Ubica tu nueva planta de interior en un espacio iluminado y riégala periódicamente. Dispón un platito o bandeja de goteo debajo de la maceta.

Consejos

○ Nosotros siempre hemos tenido suerte con las semillas de aguacate, pero, como muchas personas encuentran dificultades al cultivarlas, recomendamos intentarlo con múltiples huesos a la vez por si no consiguen germinar.

○ Los palillos de cóctel *vintage* aportan una nueva dimensión al aspecto de la semilla en crecimiento: juega con diferentes estilos.

○ Plantéate el uso de un jarrón para jacintos, si deseas una imagen minimalista y moderna.

Piña

Las piñas son extremadamente sensibles al frío. Cuando se importaron por primera vez de los trópicos a los climas templados a Europa, eran tan raras que constituían la envidia incluso de los más ricos. En el siglo XVIII, el rey Luis XV de Francia recibió una preciosa piña cultivada en Versalles, y Catarina la Grande de Rusia comía piñas cultivadas en sus tierras a un coste descomunal. Su estatus era tal que el papel primordial de la piña consistía en decorar las mesas a la hora de la cena en las casas señoriales. Las piñas solían utilizarse para impresionar a los invitados hasta que acababan pudriéndose.

Como un clima cálido y soleado es crítico para que la piña dé fruto, puede que no lo consigas en casa cuando la cultives a partir de un esqueje (dependiendo de la zona del mundo donde vivas). No obstante, la propia planta es preciosa y, si tienes suerte, al cabo de unos años, podrías ver una piñita asomando la cabeza entre las hojas.

Es posible que una piña haya recorrido muchos kilómetros antes de llegar al supermercado. Para cuando la fruta está madura y lista para comer, las hojas de la parte superior pueden haberse secado y muerto. Es importante hacerse con una piña fresca de buena calidad con las hojas bien verdes si quieres que rebrote; recuérdalo cuando la compres.

Velocidad de cultivo	Lenta
Dificultad	Alta
Ubicación	Soleada
Temperatura	Cálida
Uso	Comestible/ornamental
Recipiente	Mediano

Necesitarás

Cuchillo afilado

Palillos o pinchos

Tarro de mermelada

Agua

Maceta mediana con agujeros de drenaje y bandeja de goteo

Substrato para macetas

Para hacer rebrotar piñas

1   Corta la parte superior de la piña. La intención es conservar las hojas y un trocito de la parte inferior, que es lo que formará el corazón de la nueva planta. Retira los restos de fruta comestible que rodean este trocito de su parte más leñosa y elimina una o dos de las hojas más pequeñas que quedaban más cerca de la fruta en sí.

2   Pincha la piña con los palillos o pinchos alrededor del tallo que has pulido, aproximadamente allí donde crecían las hojas más bajas. Así crearás una estructura para suspender la piña sobre el agua sin que se mojen las hojas.

3   Pon la estructura con la piña sobre un tarro de tamaño mediano y llénalo con agua fresca para que la parte inferior del tallo quede sumergida en el agua pero las hojas se mantengan secas.

4   Coloca el tarro en un alféizar soleado y un lugar cálido. La luz y la humedad son extremadamente importantes para que la planta se regenere.

5   Al cabo de unos siete días, deberán haber salido raicillas en la base del esqueje. Llegado este punto, trasplanta el esqueje a una maceta mediana llena de substrato para macetas. Asegúrate de que disponga de agujeros de drenaje en la base para que la planta no se ahogue.

6 Mantén la planta en un lugar cálido y soleado, y riégala periódicamente, justo lo bastante para que la tierra permanezca ligeramente humedecida (ya que las piñas crecen en climas húmedos tropicales).

7 En unas semanas, notarás que las hojas superiores del esqueje se alargan y ensanchan. Con el tiempo, la planta se hará grande y, si tienes suerte, un buen día verás asomar una diminuta piña del centro de la planta.

Consejos

○   Reproducir piñas puede ser difícil. Al preparar este libro, llevamos a cabo cuatro intentos antes de conseguir que nuestro esqueje echara raíces. Ten paciencia, vale la pena probarlo de nuevo si fallas.

○   Los lectores que vivan en un clima tropical tal vez consigan más éxitos con este proyecto.

○   Al servir piña fresca, añádele una pizca de sal para que sepa más dulce.

Replanta

Tomate

Casi todo el mundo sabe que el tomate es en realidad una fruta: una especie de baya, de hecho. Quizá relaciones el tomate con Italia, pero lo cierto es que es originario de América del Sur y Central, y no llegó a Europa hasta el siglo XVI. Se hace extraño pensar en los antiguos romanos dándose festines sin un tomate a la vista.

Las variedades tradicionales de tomate son las mejores para hacerlas rebrotar a partir de semillas. Se encuentran con nombres asombrosos, como Banana Legs, Big Rainbow, Hawaiian Pineapple, Lollipop y Yellow Pear. A diferencia de las semillas de plantas híbridas, las de variedades de línea pura son más aptas para el cultivo. Esto significa recoger semillas de un fruto maduro y usarlas para cultivar una nueva planta que te recompensará con todas las características del original.

Hacer crecer tomates a partir de semillas requiere bastante sitio, ya que pueden alcanzar una altura de 2 m (6 ½ ft). Son ideales para invernaderos o zonas de exterior, como un balcón o patio. Si dispones de espacio, puedes, por supuesto, cultivarlos en el interior: les encantan las condiciones de un alféizar soleado, y tener la planta tan a mano asegura que la riegues a diario, como necesita.

Velocidad de cultivo	Lenta
Dificultad	Mediana
Ubicación	Soleada
Temperatura	Cálida
Uso	Comestible
Recipiente	Grande

Necesitarás

Cuchillo afilado

Tarro de mermelada

Agua fresca y un espacio soleado

Colador

Papel de cocina

Substrato para macetas

Bandeja de cultivo de plástico

Maceta grande con agujeros de drenaje y bandeja de goteo

Regla y lápiz

Rociador o pulverizador

Para hacer rebrotar tomates

1   Con un cuchillo afilado, corta un tomate maduro de variedad original por la mitad y, con una cuchara, retira la parte interior, con las semillas.

2   Pon las semillas y la pulpa en un tarro de mermelada y añade más o menos el mismo volumen de agua. Cierra el tarro y agita el contenido.

3   Coloca el tarro en cualquier lugar de tu casa. Su contenido empezará a fermentar en el transcurso de una semana. Agita suavemente el tarro a diario y, pasada la primera semana, deberías observar que las semillas se han separado del resto de la mezcla y se han depositado en el fondo del tarro. Este proceso de descomposición es importante, porque combate la transmisión de enfermedades a las semillas.

4   El séptimo día, abre el tarro y pesca las semillas. Ponlas en un colador y acláralas con agua.

5   Ahora disponlas sobre papel de cocina y déjalas secar durante una semana. Después de este paso, tus semillas de tomate estarán listas para el siguiente paso: la siembra.

6   Llena la bandeja hasta el borde con substrato para macetas. Dale unos golpecitos para asegurarte de que la tierra llega al fondo de cada celda, y añade más si es necesario.

7 Con un lápiz, practica un agujerito de 1 cm (¾ in) en el centro de cada celda. Con cuidado, deposita las semillas una a una en los huecos preparados. Añade un poco más de tierra para cubrirlas.

8 Con una regadora o rociador, riega cada una de las celdas para que la tierra quede húmeda.

9 Algunas bandejas de cultivo vienen con una tapa o cúpula de plástico; si es tu caso, colócala ahora. Si no, o si cultivas tus semillas en macetitas o recipientes pequeños, cúbrelos con un trozo de papel film transparente atado. El objetivo consiste en crear un ambiente cálido y húmedo para ayudar a las semillas a germinar.

10 Pon la bandeja en un lugar iluminado y cálido, y presta atención para que la tierra esté siempre húmeda (pero no mojada) durante los próximos días. Lo ideal es que la bandeja reciba unas ocho horas de luz solar directa al día, por lo que la mejor época son los meses de verano.

11 Llega el momento esperado. En cuestión de una o dos semanas, verás señales de que las semillas han germinado: por entre la tierra oscura, asomarán las cabecitas de unas perfectas plántulas de tomate. Retira el papel film o la tapa de la bandeja. Puedes dejar que las plantitas crezcan en sus celdas hasta que hayan echado dos o tres pares de hojas, y entonces debes trasplantar cada una a su propia maceta más grande.

12 Antes de dejar que tus plantas pasen la noche en el exterior, es aconsejable que las aclimates dejándolas poco a poco en un ambiente más fresco a lo largo de una semana. Simplemente, sácalas fuera unas horas y vuelve a meterlas, y ve aumentando las horas que pasen fuera cada día. Al final, se habrán acostumbrado a la temperatura.

Consejos

○   Cuando tus tomateras empiecen a crecer, asegúrate de «despuntar» los brotes laterales, es decir, los que emergen en la axila entre el tallo y la hoja.

○   En su hábitat natural, las tomateras son plantas perennes, o sea que automáticamente rebrotan cada ano y fructifican. Las cultivadas son plantas anuales: la tomatera muere cada año, de modo que los productores de todo el mundo la cultivan a partir de semillas plantadas a principios de primavera para cosechar tomates en verano.

○   Las tomateras son plantas sedientas. Sácialas con un riego constante y abundante.

Jengibre

El jengibre posee un sabor muy evocador. Fue una de las primeras especias con que se comerció en la historia, y su distintivo gusto y olor son capaces de recordarnos mundos bien diferentes, desde el vibrante aroma de los restaurantes tailandeses hasta la fragancia de unas galletas de Navidad.

El jengibre crece bien en climas tropicales y subtropicales, por lo que, si vas a cultivarlo en casa, es mejor considerarlo una planta de interior (o una planta de balcón o patio que meterás en casa en invierno). Sus hojas largas y finas le otorgan una imagen interesante, y, si te gusta tanto como a nosotros captar la atención, nada impresiona más que ofrecer a tus invitados una infusión de jengibre y luego arrancar una planta de la sala para utilizar la raíz de jengibre más fresca posible.

Si observas un trozo de raíz de jengibre, comprobarás que está repleta de bultitos o pezones. Si alguna vez has olvidado utilizar el jengibre guardado en el armario de la cocina, probablemente habrás notado que estos bultitos se convierten en brotes verdes. Si deseas obtener unas cuantas plantas de jengibre a partir de un trozo de raíz de jengibre, solo tienes que procurar que cada fragmento que plantes presente uno de estos bultitos.

Velocidad de cultivo	Lenta
Dificultad	Mediana
Ubicación	Soleada
Temperatura	Cálida
Uso	Comestible/ornamental
Recipiente	Grande

Necesitarás

Cuchillo afilado

Maceta grande con agujeros de drenaje y bandeja de goteo

Substrato para macetas o «substrato para macetas esterilizado» (página 17)

Agua

Para hacer rebrotar jengibre

1   Para cultivar varias raíces de jengibre, corta un rizoma con un cuchillo afilado en trozos del tamaño del pulgar (cerciórate de que cada fragmento tenga su propio bultito). Deja secar los trozos de jengibre al aire libre durante veinticuatro horas antes del paso siguiente; esto sirve para asegurar que el jengibre no sea vulnerable a las infecciones. Si tu intención es cultivar una planta grande de jengibre, utiliza un solo trozo de raíz sin cortarlo.

2   Llena una maceta grande con substrato para macetas. Hunde las raíces de jengibre en la tierra con los bultitos hacia arriba, unos 4 cm (1 ½ in) bajo la superficie. Si plantas diversos trozos en la misma maceta, deja un espacio de 10 cm (4 in) entre ellos.

3   Riega la maceta para que la tierra esté húmeda pero no empapada. Coloca una bandeja de goteo debajo de la maceta para que recoja el exceso de agua.

4   Dispón la planta en un lugar luminoso y cálido, y sigue
    regándola para que no se seque. Ahora se trata de esperar.
    Al cabo de unas semanas, deberías ver brotes verdes
    asomando por entre la tierra. Unos meses después, tu
    planta de jengibre estará llena de hojas y tallos nuevos.
    Bajo la superficie, los rizomas también aumentarán
    de tamaño.

5   Para cosechar el jengibre, simplemente rompe parte de la
    raíz viva para usarla en la cocina. Una vez la planta adquiera
    un buen tamaño, puedes reiniciar el proceso entero
    desenterrando la raíz, pero conservando unos cuantos
    trozos para cultivar de nuevo.

Consejos

○ La piel de la raíz de jengibre es perfectamente comestible, de modo que para la mayoría de recetas no hay motivo para molestarse en pelarla.

○ A medida que el jengibre crezca, precisará más cantidad de agua. Vigila el estado de las hojas y la sequedad de la tierra para que la planta no pase sed.

○ Las hojas de jengibre también son comestibles. Añádelas al cuscús o pícalas para aportar un toque aromático al tabulé.

Replanta

Patatas

Las patatas son uno de los cultivos más agradecidos de nuestro huerto. Son relativamente fáciles de cuidar si se siguen unos sencillos pasos, y la cosecha suele ser abundante. Cuando llega la recolección y te pones a escarbar, las patatas nuevas parecen brillar en la oscuridad de la tierra. Un trozo de parcela se ha convertido en una mina de oro. La sensación es maravillosa: metes los dedos en la tierra para sacar una, luego otra y otra, hasta que quedas satisfecho de haberlas rescatado todas. Una sola patata pequeña puede generar hasta veinte nuevas.

El proceso de cultivo es simple. No obstante, primero hay que decidir si se van a cultivar las patatas en una maceta, una jardinera de tela o directamente en la tierra. La ventaja de utilizar algún tipo de recipiente es que minimiza el esfuerzo de cavar cuando se cosecha. Las patateras no son una planta adecuada para el alféizar o la encimera de la cocina. La parte aérea con hojas crece hasta 1 m (39 in), y hay que tenerlo en cuenta antes de decidirse por su cultivo.

También recomendamos el uso de patatas ecológicas para el proceso. Algunas de las que venden en los supermercados han sido tratadas para evitar que se grillen precozmente en la cocina, y eso iría en tu contra si piensas hacer rebrotar los tubérculos. La mayoría de variedades de patata crecen mejor si se plantan en primavera.

Velocidad de cultivo	Lenta
Dificultad	Baja
Ubicación	Exterior
Temperatura	Fresca
Uso	Comestible
Recipiente	Grande

Necesitarás

Cuchillo afilado desinfectado

Bandeja de plástico

Maceta, cubo o jardinera de tela grande, con agujeros de drenaje (opcional)

Tierra

Compost

Horca de cavar (opcional, si las cultivas en el suelo)

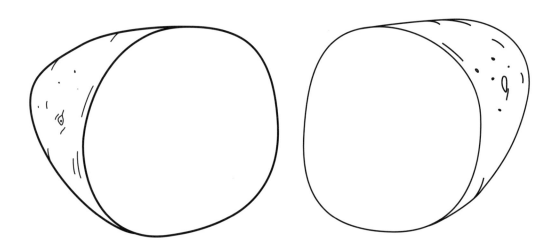

Para hacer rebrotar patatas

1   Asegúrate de que las patatas estén listas para hacerlas rebrotar. Con un simple vistazo verás que todas las patatas tienen unas manchitas oscuras. Son las «yemas», y cada una posee la capacidad de brotar. Con un cuchillo afilado recién desinfectado, corta la patata en dos o tres partes iguales, procurando que cada una tenga su propia yema.

2   El interior de la patata suele ser susceptible a infecciones bacterianas al quedar expuesto, por lo que ahora debes secar las patatas cortadas al aire libre hasta que la carne interior se note seca al tacto. Deja los trozos de patata en una bandeja en un ambiente fresco hasta que las yemas empiecen a echar brotes: este proceso se denomina pregerminación. No te preocupes si los trozos de patata adquieren un aspecto triste y arrugado: se trata de una fase necesaria antes de sumergirlas en la tierra.

3   Si vas a plantar las patatas en una maceta o una jardinera de tela, llena el recipiente con una mezcla a partes iguales de compost y tierra de jardín. Deja un espacio de un par de centímetros (una pulgada) en la parte superior para que no sobresalga al introducir los trozos de patata. Hunde las patatas cortadas a 10 cm (4 in) de la tierra dejando un espacio de 20 cm (8 in) entre ellas. En función del tamaño del recipiente, esto puede significar que solo puedas cultivar una o dos patateras en la misma maceta o jardinera, pero el mismo recipiente puede producir una buena cantidad de patatas.

4 Si vas a plantarlas en la tierra, es buena idea cavar surcos, de unos 10 cm (4 in) de profundidad, y disponer las patatas con la yema hacia arriba, a intervalos de 20 cm (8 in). Tápalas con tierra.

5 Una vez cubiertas, es la hora del primer riego. La tierra debe recordar la consistencia de una esponja bien humedecida: mojada pero no empapada.

6 Riega las patateras periódicamente. Puede ser a diario, si las cultivas en macetas o jardineras. Las sembradas en tierra precisan menos riego, pero es igual de importante controlar el cultivo y atender las necesidades de las plantas. Si producen unos frutos verdes pequeños parecidos a tomates cereza, no te los comas. Contienen la toxina solanina, que es venenosa para los humanos.

7 Las patatas estarán listas para recolectar cuando la planta haya florecido y se haya marchitado, lo cual tarda entre setenta y ciento veinte días, dependiendo de la variedad. Cuando la parte aérea de la planta parece muerta, ha llegado el momento de cavar y hacerse con tu provisión de patatas. Si las has cultivado en maceta o jardinera, simplemente vuelca el recipiente, pero, si las has sembrado en el suelo, utiliza una horca para levantar la tierra con cuidado, trabajándola con las manos para no perder las patatas más pequeñas.

8 Si has plantado unas cuantas patateras, no es necesario cosechar todas las patatas el mismo día. Se mantendrán perfectamente bien durante semanas, e incluso meses, antes de empezar a rebrotar otra vez por su cuenta.

Consejos

○   Si te tomas en serio el cultivo de patatas, es recomendable que compres «patatas de semilla» para plantarlas. Producirán más frutos que las de supermercado, que se han cultivado básicamente para su consumo.

○   Cuando los primeros brotes emerjan del suelo, échales un poco más de tierra por encima para cubrir la planta. Es lo que se conoce como «acollamiento», y favorecerá el crecimiento de más patatas.

○   Los abonos nitrogenados son beneficiosos para las patatas.

Replanta

Cebolla

Seguramente, habrás pagado este libro con una tarjeta de crédito o de débito, o en efectivo, pero en la Edad Media posiblemente lo habrías pagado con cebolla cultivada en casa. Las cebollas eran tan valiosas e iban tan buscadas que muchas personas pagaban el alquiler en cebollas. Eso no funcionaría muy bien hoy en día, lo cual no significa que el mundo no siga enamorado de esta hortaliza tan especial.

Al proponerte hacer rebrotar una cebolla, en realidad lo harás por los brotes tiernos (los tallos verdes que emergen al rebrotar la cebolla). Estos brotes tiernos son una buena alternativa a las cebolletas y sirven tanto para sofritos como para añadir sabor a una ensalada.

Para este proyecto, también puedes utilizar cebolla fresca, o si algunas de las cebollas más viejas están echando tallos en tu cocina, también son perfectas. Da pena pensar en la cantidad de cebollas sanas que se desperdician cada día y que podrían aprovecharse para hacerlas rebrotar en casa.

Velocidad de cultivo	Lenta
Dificultad	Mediana
Ubicación	Soleada
Temperatura	Fresca
Uso	Comestible
Recipiente	Grande

Necesitarás

Cuchillo afilado

Plato llano

Agua

Maceta grande con agujeros de drenaje y bandeja de goteo

Substrato para macetas

Tijeras de cocina

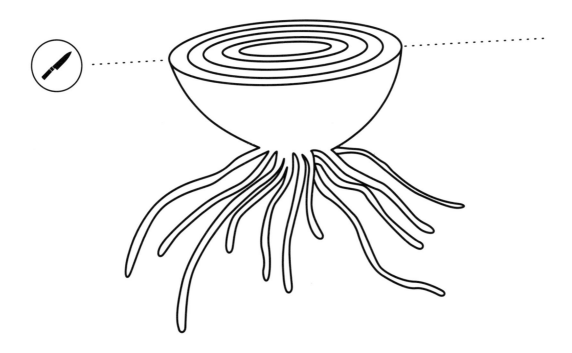

Para hacer rebrotar cebollas

1   La próxima vez que utilices una cebolla para cocinar, conserva un trozo de la base, ya que es la zona de donde salen las raíces. Necesitarás al menos 3 cm (1 ¼ in) de esta parte inferior de la cebolla para este proyecto.

2   Con el fin de estimular la cebolla para que eche raíces, colócala en un plato llano con la base bocabajo y añade suficiente agua fresca para cubrir la base. Cambia el agua cada día durante los primeros días y vigila la planta para detectar nuevas raíces.

3   Cuando observes que el esqueje de cebolla ha sacado raíces nuevas y sanas, y se vean brotes verdes saliendo del centro del esqueje, es hora de trasplantar la cebolla a la tierra para que siga creciendo.

4   Llena una maceta grande con substrato para macetas y practica un agujero donde quepa el esqueje, en el centro de la maceta. Hunde la cebolla en el hueco y usa un poco más de substrato para cubrir la parte de la cebolla original. Los brotes de la cebolla aparecerán bonitos y arreglados en un lecho de tierra, sin asomo de la vieja cebolla seca.

5 A partir de ahora, debes mantener el suelo de las plantitas húmedo, o sea que no te olvides de su riego. Puedes optar por plantar el esqueje directamente en un arriate o el suelo del jardín. Entonces no necesitarás regar con tanta regularidad, pero, como sucede con todas las plantas, hay que vigilarla y darle las atenciones que precise.

6 Cuando los brotes alcancen una longitud de 10-20 cm (4-8 in), también puedes utilizar unas tijeras de cocina para cortarlos y consumirlos.

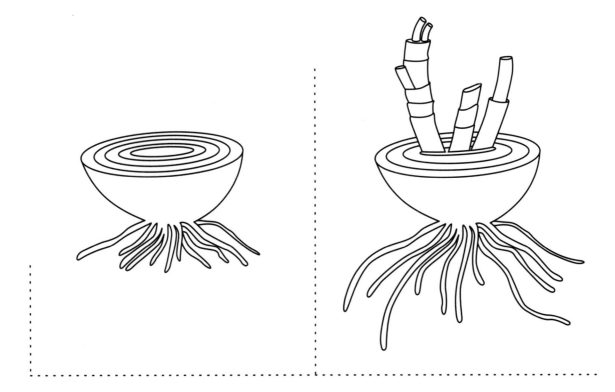

Consejos

○ El jugo de cebolla aplicado a las raíces puede hacer crecer el cabello más deprisa. Solo debes acordarte de lavarte el pelo antes de salir de fiesta.

○ Si encuentras una vieja cebolla que ha empezado a brotar, simplemente retira la piel y las capas exteriores hasta llegar al centro de color verde. Ya tendrás una planta de cebolla lista para sembrar.

○ También se pueden usar las pieles de cebolla para teñir telas, si eres aficionado a ello.

Índice

G

H

I

J

L

M

P

R

S

T

Z

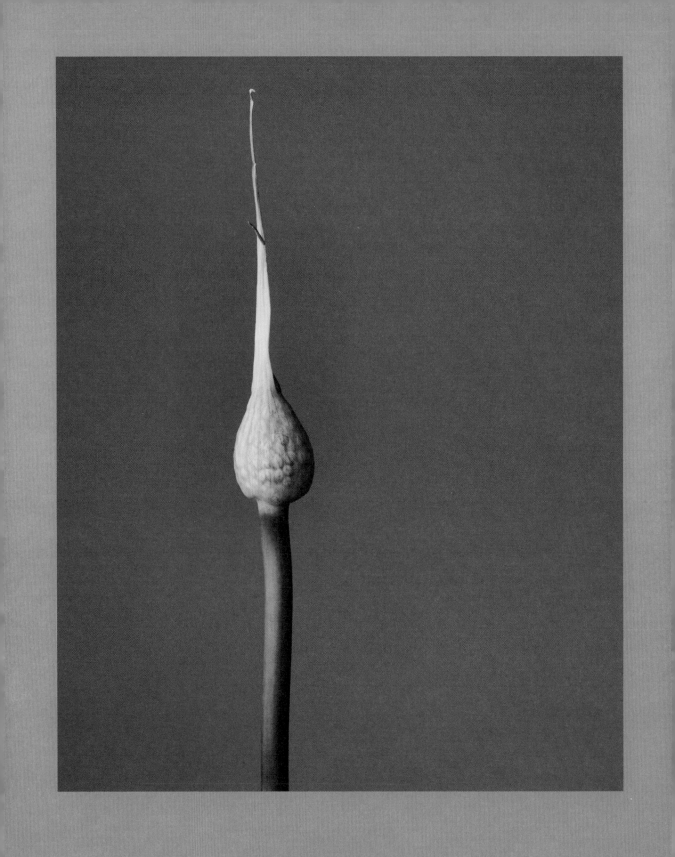

Acerca de los autores

Two Dirty Boys

Paul y Robin se conocieron por casualidad una noche de Halloween en 2010 y desde entonces se han hechizado mutuamente. Juntos, llevan Two Dirty Boys, una cuenta de Instagram sobre su huerto urbano de Bow, en Londres. Sin miedo a los errores y siempre dispuestos a probar algo nuevo, disfrutan compartiendo sus éxitos y fracasos con amigos y seguidores. Codo con codo cultivan ingredientes para elaborar encurtidos, tartas, tés, vinos y cócteles. La naturaleza les resulta asombrosa y los milagros de la germinación, propagación y fermentación hacen sus delicias. Síguelos en @twodirtyboys.

Paul Anderton

Paul creció en Lytham St Anne's, Reino Unido, y es hijo de dos maestros. Su interés por las curiosidades de la naturaleza empezó en su infancia con una colección de mascotas exóticas y reptiles. La primera vez que intentó hacer rebrotar un esqueje de piña con su padre tenía nueve años.

Es graduado en Literatura Inglesa y Teatro por la Universidad de Lancaster University, y posee un máster de Gestión Artística y Cultural por la Universidad St Mary de Minnesota, EE. UU. En la actualidad dirige la agencia Bicycle de alianzas corporativas ubicada en Londres. Vive en Bethnal Green con cientos de plantas y su amado border terrier, Willy.

Robin Daly

Nacido en Devon, Reino Unido, y criado en lo mejor de sus paisajes ondulantes, Robin empezó a interesarse por la jardinería con su abuela, con quien pasaba horas trasplantando en su invernadero cerca de la costa. Ella le inculcó el amor por la naturaleza y las maravillas de cultivar tu propia comida. Robin cambió su paraíso de Devon por las luces y el humo de Londres para estudiar Genética Molecular en Queen Mary, Universidad de Londres.

Conservó su afición por la jardinería, trasladando sus macetas de una casa de alquiler a otra antes de asentarse en Stoke Newington y finalmente consiguiendo una parcela, ¡tras siete años en lista de espera! Robin ha ganado un premio BAFTA como productor televisivo, y vive con su gato blanco y negro, Leo.

Agradecimientos

A Kate y Munir, por esta oportunidad.

A Eve, por su paciencia.

Al padre de Paul y a la abuela de Robin, por su inspiración.

La edición original de esta obra ha sido publicada en el Reino Unido
en 2021 por Hardie Grant, sello editorial de Hardie Grant Publishing,
con el título

Regrown

Traducción del inglés
Gemma Fors

Copyright © de la edición española, Cinco Tintas, S.L., 2022
Copyright © del texto, Paul Anderton y Robin Daly, 2021
Copyright © de las ilustraciones, Raphael Nahun, 2021
Copyright © de las fotografías, Kim Lightbody, 2021
Copyright © de la edición original, Hardie Grant, 2021

Diagonal, 402 – 08037 Barcelona
www.cincotintas.com

Primera edición: marzo de 2022

Impreso en China
Depósito legal: B 19446-2021
Código Thema: WMPF (Jardinería y horticultura: frutas y verduras)

ISBN 978-84-19043-01-6